읽기 쉽게 풀어 쓴,
중소기업
컨설팅
실무 바이블

정부지원제도 이해편

읽기 쉽게 풀어 쓴,
중소기업 컨설팅 실무 바이블

정부지원제도 이해편

조창희, 한건우, 박성수

예미

들어가며 :
기업 컨설팅 시장의 변화와 대응방향

변화하고 있는 21세기 기업 환경에 발맞춰 기업 컨설팅 시장 역시 빠른 속도로 진화하고 있습니다. 과거에는 세금 문제와 같은 기업활동 결과로 발생된 문제를 해결하는 소극적 측면의 관리활동이 중요했던 반면, 오늘날의 중소기업들은 자금조달과 인증 등을 통해 매출 증가나 인력 확대, 아이디어의 사업화 등 기업활동 자체에 도움을 주는 적극적 활동에 더 큰 관심을 보이고 있는 것이 변화의 모습의 하나라고 할 수 있습니다. 이는 경영 환경이 복잡해짐에 따라 경영자의 관심도 다양화될 수밖에 없는 구조적인 문제는 물론, 중소기업 영업환경이 갈수록 어려워진다는 현실적인 부분과 함께 정부의 지원을 제대로 활용하지 못하면 기업을 성장시키기 어렵다는 작금의 현실을 반영하는 것이기도 합니다.

최근 건설, 기계 산업의 가장 큰 화두가 된 중대재해(안전보건) 문제, 그리고 화학, 섬유, K-뷰티 산업에서 외국의 바이어들이 가장 강조하는 친환경

(탄소중립) 문제는 과거에는 생각하지 못했던 문제들이 기업 경영에 직접적으로 영향을 미치는 요소라고 할 수 있습니다. 이런 환경에서 기업 경영상의 문제에 대응하는 컨설턴트가 ISO 산업안전 관련 인증과 산업재해 예방시설 지원 정책자금을 모르거나, 탄소중립에 대한 인증이나 정부지원제도를 충분히 이해하지 못한다면 기업을 위한 핵심적인 도움은 불가능할 것입니다. 이런 복잡한 기업 환경을 이해하고 다양한 제도적 지원을 파악하여 안내하는 것이 바로 컨설턴트의 역할이고 기업 컨설팅 시장에서 자금, 인증 등 적극적 컨설팅이 훨씬 더 중요하게 되었음을 보여주는 예일 것입니다.

이 책은 자금조달과 인증 등 중소기업이 정부지원제도를 어떻게 이해하고 활용할 수 있는지를 안내합니다. 각 장에서는 업종별 성장 전략과 함께 자금, 인증, 매출상승의 획기적인 방법인 공공조달의 구체적 내용을 쉽게 설명하여 이해를 도왔습니다. 그리고 마지막으로 2025년 정부지원사업의 방향을 파악하여 기업들이 좀 더 쉽게 이해할 수 있도록 실제 사례와 함께 구체적인 전략을 제시하면서 실질적인 도움을 받을 수 있도록 구성되어 있습니다.

인터넷상에 자료들이 넘쳐나고 있습니다. 정보의 바다라고 해도 과언이 아닙니다. 그런 정보의 홍수 속에서 눈에 보이는 자료들이 사용 가능한지에 대한 판단도 어렵고 정보의 진위 여부조차도 판가름하기 어려운 시대에, 기업에게 도움 되는 내용들로만 정리해서 엮어내고 새로운 시각으로 글을 써낸다는 것은 쉬운 일은 아닐 것입니다. 쓰면서 항상 부족하다는 것을 느껴 많은 것들을 보완하고자 하였지만 여전히 이 책에 모든 내용을 담기는 처음부터 불가능할 것이라는 것은 당연한 일인지도 모릅니다. 그럼에도 불구하고 이 책은 정보를 골라내고 엮고, 우리들의 관점을 녹여내면서, 기업(법인) 컨설팅에 관심을 가지는 많은 분들에게 '컨설팅'이라는 일을 할 때 분명 도움이 될 것이라는 확신은 있습니다.

법인 컨설팅 시장의 흐름

1. 세무 컨설팅	2. 재무 컨설팅	3. 재무 토털 컨설팅
• 세무(상담 중심) 컨설팅 • 법인(CEO 중심) 컨설팅	• 세무(상담+실행) 컨설팅 • 법인CEO, 정책자금, 경정청구 등 법인기업 니즈 중심	• 재무(CEO+법인) 컨설팅 • 가업승계, M&A 등 승계 컨설팅 • 기업인증, 공공조달 등 법인 성장 및 관리 영역

　책을 시작하면서 세운 가설은, 변화하는 시장환경 속에서 중소기업이 지속가능한 성장을 이루기 위해 기본적으로 가장 필요한 것은 정부지원제도를 활용하는 능력이라는 것이었습니다. 그리고 책을 마무리하는 시점에서 다시 생각해 보면 그 시작의 생각이 틀리지 않았다는 결론을 내리고 싶습니다. 이 책을 통해 우리 컨설턴트들이 필요한 정보를 얻고, 성공적인 비즈니스를 이끌어나가는 데 많은 도움 되시길 바랍니다.

2025년 3월

디지털피비스쿨 컨설팅 연구소

Contents

Part 1

정부지원제도의 이해

1. 경제주체로서 정부의 시장참여와 지원

정부가 기업활동을 왜 지원할까라는 질문에 답을 하기 위해서는 자본주의 체계의 발생과 성장과정을 살펴볼 필요가 있습니다. 워낙 방대한 이야기라 경제학 전문가적인 어려운 이야기는 접어두고 아주 간단히 정리해 보겠습니다.

자본주의는 경제주체 간의 거래가 자유롭게 이루어지는 경제체제로, 재화와 서비스의 생산에 필요한 생산수단(토지, 공장, 기계 등)을 정부가 아닌 기업이나 개인이 갖고 관리합니다. 따라서 시장에서의 경쟁과 이에 따른 혁신을 중요한 가치로 여깁니다. 18세기 산업혁명을 계기로 19세기부터 성장한 자본주의 이념은 기업의 자유경제활동을 기반으로 상품의 생산력을 높이고 소비활동을 촉진하여 풍요로운 경제성장을 가능하게 하면서 근대 이후의 주도적인 경제학 체계로서 자리 잡게 되고, 제2차 세계대전과 전후복구 시대, 글로벌화, 세계화 시대를 거치면서 폭발적인 성장세를 이루게 됩니다.

하지만 이러한 자본주의의 핵심가치는 이후 국가 간, 사회계층 간 빈부격차와 환경오염 문제를 야기하게 되었고, 기업에게 주어지던 자유경제활동으로 생긴 문제의 해결은 기업 스스로보다 정부가 나설 수밖에 없게 되었습니다. 정부 입장에서는 성장만을 최우선 가치로 여기는 것에 발맞춰 자본주의 체계가 지속되기 위해서는 쌓여가는 문제들을 해결하고 개선된 기업활동을 유도하기 위해 시장에 참여할 수밖에 없게 된 것입니다.

우리가 현재 학습하고자 하는 정부지원제도 역시 경제상의 문제점을 해결하고 미래지향적인 경제구조를 만들기 위한 정부정책 중의 하나라고 할 수 있습니다. 우리나라로 좁혀서만 본다면 정부정책의 핵심가치는 고용과 생산성 증대 그리고 미래 먹거리 창출을 위한 핵심기술 개발 지원이며, 정보 파악과 자본조달 능력이 부족한 중소기업에게 자금, 세금, 인력 등 필요 자원을 중점 지원하여 빈부격차 문제 해결과 고용 확대라는 정부정책의 실현을 이뤄내고자 하는 것입니다. 즉, 정부 입장에서는 정부의 정책을 유도하고 고용을 창출하여 생산과 소비 활동을 촉진하고, 기업 입장에서는 자금조달은 물론 재정부담을 줄이는 동시에 수출과 내수 등 매출 및 판로 확보의 혜택을 기대할 수 있는 것입니다.

정부가 기업을 지원하는 여러 가지 이유

정부의 운영 키워드	경영환경	경제성장과 고용창출
① 일자리 창출, 문화 선진국, 청년, 글로벌 선진국, 창조경제, 동반성장, 민간주도 ② 정부 운영 철학의 정책 반영 ③ 대기업과 중소기업의 안정적 성장과 역할	① 소재, 부품, 장비 우선 집중 대부분 기업을 위한 과제 ② 수출로 먹고사는 나라 - 경제 지표 달성 ③ 글로벌 경제환경과 국내 상황 중점 추진 사업 (태양광?, 원전?, 환경?, AI?)	① 결국은 국민이 먹고사는 일! 시작은 고용! 선거로 마무리 ② 수출 및 경제성장 목표 달성 ③ 제조업, IT 선호 정책 대기업 지원은 부담 중소기업은 자신감 있게 지원

정부와 기업의 목표

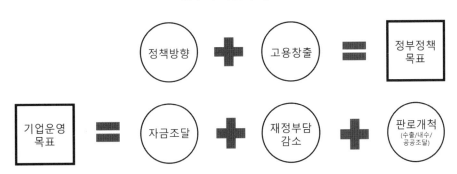

사실 1970년대 산업화시대 경제성장기를 돌아보면, 경제 발전 5개년 계획과 목표 달성이라는 명분 아래 대기업 중심의 산업을 육성해 왔고 이 과정에서 무수히 많은 정부지원사업이 대기업에 집중되었고, 이로 인하여 결과적으로 지금의 재벌이 형성될 수 있었던 기틀이 되었는지 모릅니다. 결국 정치와 경제가 서로 공존하기 위한 일종의 거래로서 정부는 기업을 지원하고 기업은 정부의 정책을 지지하면서 권력을 유지시키는 관계가 계속되는 것이 자본주의 운영의 본질인지도 모르겠습니다.

2. 정부지원제도

　중소기업을 위한 정부지원제도는 매년 조금씩 바뀌고 있습니다. 검토해야 할 경제적 이슈가 달라지고 해결하거나 중장기적 대비를 해야 할 사회적 문제가 조금씩 바뀌기 때문입니다. 하지만 앞에서도 이야기했듯이 정부가 기업을 지원하는 핵심가치는 변하지 않습니다. '기술 개발', '인력 충원', '수출', '내수 판로 확보'를 위한 재정 지원과 기술력을 가진 기업의 창업 및 사업화 지원, 장애인 · 여성 등 사회적 약자를 위한 지원, 사회적 격차 해소를 위한 전통시장과 소상공인 지원까지, 이 많은 지원 사항들은 기술 중심의 기업 육성과 고용 창출, 빈부격차 해소라는 정부지원의 핵심가치를 이루기 위한 변하지 않는 내용이라 할 수 있습니다.

중소기업 대상 정부지원제도 목록

금융 지원	기술개발 지원	인력 지원	판로 지원	수출 지원	여성·장애인·지역 지원
시설 및 운전자금 대출	기술개발자금 지원	인력 양성	공공기관 납품 제도	수출바우처컨소시엄 해외규격인증	여성기업 지원
신용보증 지원	R&D 역량 강화 인프라 지원	인력유입 촉진	중기 기술개발제품 우선구매		장애인기업 육성
	스마트공장 보급/ 기술유출 방지		홍보 지원		지역기업 지원

창업기업 지원	재도전기업 지원	소상공인	전통시장	보증지원제도	기타
아이디어 기술창업 지원	사업전환 및 재창업 지원	교육정보 제공 및 창업 지원	전통시장 지원	보증 지원	규제/애로 개선 해결
창업저변확대 지원		맞춤형 경영개선 및 협업화 지원			외부전문가 노하우
창업 지원 인프라		소상공인 재기			동반성장
		정책자금			

그럼 정부가 마련한 다양한 제도는 어떤 형태로 기업에게 전달될 수 있을까요? 어떤 경우는 갚아야 하는 돈을 꾸어주기도 하고, 경우에 따라서는 정부에게 갚지 않아도 되는 돈도 있으며, 상황에 따라서는 이자를 깎아주기도 합니다. 때로는 현금 형태로 주기도 하고, 가끔씩 쿠폰 형태로 지원하기도 합니다. 어떤 경우에는 금전적 지원이 아닌 세제혜택만 주기도 합니다. 이런 다양한 형태를 단순화시켜 본다면, '금전' 형태의 직접적 자금 지원과, '세제혜택'이나 '매출처 제공'과 같은 간접지원 형태로 구분할 수 있을 것 같습니다.

정부지원제도의 두 가지 축과 사전 준비로서의 인증

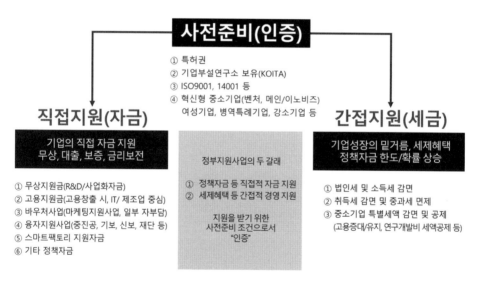

사전준비(인증)

① 특허권
② 기업부설연구소 보유(KOITA)
③ ISO9001, 14001 등
④ 혁신형 중소기업(벤처, 메인/이노비즈)
　 여성기업, 병역특례기업, 강소기업 등

직접지원(자금)

기업의 직접 자금 지원
무상, 대출, 보증, 금리보전

① 무상지원금(R&D/사업화자금)
② 고용지원금(고용창출 시, IT/ 제조업 중심)
③ 바우처사업(마케팅지원사업, 일부 자부담)
④ 융자지원사업(중진공, 기보, 신보, 재단 등)
⑤ 스마트팩토리 지원자금
⑥ 기타 정책자금

정부지원사업의 두 갈래

① 정책자금 등 직접적 자금 지원
② 세제혜택 등 간접적 경영 지원

지원을 받기 위한
사전준비 조건으로서
"인증"

간접지원(세금)

기업성장의 밑거름, 세제혜택
정책자금 한도/확률 상승

① 법인세 및 소득세 감면
② 취득세 감면 및 중과세 면제
③ 중소기업 특별세액 감면 및 공제
　 (고용증대/유지, 연구개발비 세액공제 등)

자금 지원은 말 그대로 기업의 경영에 필요한 '운전자금'과 인프라 구축 및 개선을 위한 '시설/설비자금' 등 '금전'적 형태로 제공되는 모든 정부정책자금을 말합니다. 정부정책자금은 모든 기업이 받을 수는 없습니다. 앞에서도 보았듯이 정부의 정책에 잘 부합하는 사업형태 업종이나 경영전략을 가진 기업에게 제한적으로 지원합니다. 단순하게 말하자면 정부가 아주 좋아하는 일, 예를 들면 '수출', '고용', '기술개발'과 같은 사업에는 자금을 전액 또는 부분 지원해 주는 경우가 많고, '사업 추가 및 확장'과 '자산 취득'과 같은 정부의 정책지원 목적과 다른 기업의 경영 목적에 비중이 높은 경우에는 대출과 보증 형태의 갚아야 할 자금을 빌려주는 경우가 많다고 생각하시면 됩니다.

또한 정부는 중소기업 특별세액 감면 및 공제와 같은 간접 형태의 지원도 하는데, '간접적' 지원 방식은 '직접적' 자금 지원과는 다르게 일정 수준의 자격을 갖추면 지원을 받는 경우가 많습니다. 기업부설연구소(전담부서) 및 벤처기업 인증을 받을 경우에는 연구개발비 세액공제나 법인세(소득세)·취득세 감면의 혜택이 적용되고, 여성기업에 대한 혜택으로서 공공조달 가점을 부여하는 것이 주위에서 볼 수 있는 가장 흔한 사례가 아닐까 생각합니다.

금전적 직접지원이나 세제혜택과 같은 간접지원을 위해 기업들은 재무상태를 건전히 하고 지원을 받기 위해 명시된 조건들을 충족할 필요가 있는데, 정부지원을 받기 위해 기업이 준비하는 가장 중요한 것이 바로 '인증'이라고 할 수 있습니다. 즉, 인증은 자금을 받기 위한 기업의 자세나 사전준비 정도를 체크하는 가장 확실한 방법이라고 보시면 됩니다.

인증의 경우 종류가 워낙 많고 업종이나 업력, 사업계획에 따라 필요한 인증이 다양하기 때문에 기업들은 자금 지원이든 세제 지원이든 간에 지원사업별로 고시된 요건들을 잘 살펴서 중장기적으로 준비하는 것이 좋고, 필요에 따라서는 전문적인 컨설팅을 통해 중장기적인 대비를 하는 것도 도움이 많이 될 수 있을 것입니다.

Part 2

주요 업종별
성장전략

1. 글로벌시장 변화와 선제적 대응

중소기업은 우리나라 고용의 약 81%와 부가가치 생산의 65%를 담당하면서 제조강국, 무역대국으로 발돋움할 수 있게 만든 경제의 근간이라고 할 수 있습니다. 또한 매출액 대비 R&D 투자 비중은 대기업을 넘어서며 기술강국으로의 핵심 역할을 수행하며 우리 경제의 한 축으로서 무엇보다 중요한 위치를 점하고 있다고 할 수 있습니다.

하지만 최근 기업의 경영환경은 대내·외적으로 호의적이지 않습니다. 트럼프 2기 출범으로 야기된 미·중 무역갈등의 재점화는 국가 간 관세 전쟁과 불안정한 환율 움직임을 야기시켰고, 첨단산업에 대한 자국 기업 보호주의, ESG의 신무역장벽 등이 더해지면서 기업 경영환경은 급속히 악화되고 있습니다. 또한 신산업 출현과 디지털산업화의 빠른 속도, 노령화 및 경제활동인구 감소 등 인구구조의 변화와 같은 사회·경제상황의 변화도 기업의 경영활동에 어려움을 주는 것이 사실이라 할 수 있으며 기업 간 경쟁과 국가 간 과도한 갈등은 제품과 서비스의 가격경쟁을 심화시켜 기업의 수익성을 약화시키고 고급인력의 이탈, 신규채용 감소 등 궁극적으로 고용시장의 어려움을 야기시키고 있는 것 또한 사실입니다. 이러한 문제가 지속될 경우 기업은 매출 감소, 수익 감소, 고용 불안정 등 저성장의 늪에 빠질 수밖에 없으며, 기업 독자적인 힘으로 경영환경 개선은 물론 지속성장을 이뤄낼 수 없게 될 것입니다.

이에 따라 정부에서는 글로벌시장 변화에 선제적으로 대응하기 위하여 제도적 지원 방안을 마련하고 있습니다. 기술개발혁신 지원, 탄소감축규제 대응, ESG 강화 등 녹색경제 전환, 위기대응 시스템 보완, 정책자금지원 확대 등은 기업의 성장전략을 위해 정부가 마련한 지원책의 구체적 내용 중 일부라고 할 수 있습니다. 따라서 기업의 성장을 위해서는 기업 자체 경영개선 노력뿐만 아니라 정부의 제도적 지원을 기업의 성장전략과 매칭하여 어떻게 활용할 것인가를 우선적으로 검토하는 것이 중요하며, 이를 통하여 매출 확대, 수익 개선, 신사업 발굴, 유동성 관리 등, 기업이 지속적으로 성장할 수 있도록 하여야 할 것입니다.

중소벤처기업부의 기업 지원 5대 전략과 17개 추진과제

혁신성장

01. 신산업 진흥촉진으로 성장을 가속화합니다.
02. 인공지능 전환으로 미래성장성을 키웁니다.
03. R&D다운 R&D로 전면 혁신합니다.
04. 시장 주도로 벤처투자와 M&A를 촉진합니다.

지속성장

05. 녹색경제 전환을 기회로 만듭니다
06. 선제적 위기대응 시스템을 구축합니다.
07. 고령화 대비 가업승계를 지원합니다.
08. 중소기업 기준개편 등으로 성장디딤돌이 튼튼해집니다.

함께성장

09. 대기업과 중기 협력사 간 공급망을 혁신합니다.
10. 지역 중소기업 육성을 전폭 지원합니다.
11. 기업과 근로자가 함께 커가는 일터를 만듭니다.

글로벌 도약

12. 글로벌 인재와 함께 세계시장을 공략합니다.
13. 글로벌 자본을 유치하고 기술교류를 촉진합니다.
14. 글로벌 지원 인프라가 촘촘하고 강해집니다.

똑똑한 지원

15. AI · 빅데이터 기반으로 지원체계를 혁신합니다.
16. 정책금융이 안정적 성장을 뒷받침합니다.
17. 현장접점 규제를 혁파합니다.

중소기업의 단계별 주요 전략

● 생존단계

1. 정부지원사업 활용
2. 유동성 확보 전략
3. 자금의 누수 방지 (가지급금 관리, 절세 전략)

● 성장단계

1. 매출 관리
2. 핵심 제도 정비
3. 필수 인증
4. 내부 통제시스템 구축
5. 외부 전문가 네트워킹

● EXIT 단계

1. 가업승계제도 활용
2. 조직 체계 고도화
3. 기업 매각 (M&A 등)

이번 장에서는 업종별 산업의 특성과 기업의 성장을 위한 대표의 주요 관심사항을 바탕으로 기업의 성장단계별 준비사항을 업종별로 살펴보도록 하겠습니다. 이는 그동안 업종 구분 없이 일반적으로 기술된 기업 컨설팅 내용을 업종별로 구체화시켜 기업 대표와의 상담과 컨설팅에 구체적 방향을 제시하고 단계별 성장전략을 제안할 수 있는 좋은 기회로 활용할 수 있을 것입니다.

2. 주요 업종의 단계별 성장전략

가. 제조업 : 소비재와 산업재

1) 기업이슈 및 관심사항

제조업은 우리나라 중소기업 업체 수의 약 20%, 매출액 기준 25% 정도를 차지하며 생산, 고용, 수출 부문에서 중요한 위치를 담당하고 있는 우리나라 산업 생산력의 핵심이라고 할 수 있습니다. 제조업은 일반적으로 산업을 1차, 2차, 3차 산업으로 분류하였을 때 1차 산업에서 얻어진 원재료들을 가공하여 유형의 제품을 생산해 내는 2차 산업을 의미합니다. 이때 만들어진 결과물에 따라서 제조업은 개인의 최종 소비를 목적으로 하는 '소비재'와 이를 만들기 위해 필요한 중간 생산물인 '산업재'로 나누어 생각해 볼 수 있는데, 식음료, 섬유, 의복, 가구, 가전, 자동차 등은 '소비재' 산업에 해당되고 금속, 화학, 반도체, 철강, 의료·광학기기 등은 '산업재'에 해당됩니다.

이렇듯 제조업은 담당 산업분야가 넓기 때문에 같은 제조업이라 하더라도 기업의 이슈나 관심사항이 다양하고 기업의 성장전략 또한 차이가 있을 수밖에 없습니다. 타깃 시장이 내수 또는 해외인지에 따라 소비자를 바라보는 관점이 다르게 되고 소비자나 바이어의 요구사항을 충족시키기 위해 직·간접적으로 기업에게 요구되는 품질고도화 및 안전, 환경 분야 인증과 같은 글로벌 스탠더드 기준 충족의 중요도도 달라지게 됩니다. 또한 소비재 산업이냐 생산재 제조 산업이냐에 따라서도 기업의 최고 관심사가 마케팅과 기술로 구분되기도 할 것입니다.

하지만 제조업이 가지는 일반적 특징을 몇 가지로 구분해 볼 수 있습니다. 제조업은 일반적으로 산업구조나 산업분류상 2차 산업에 속하고, 앞에서도 보았듯이 생산재 제조업과 소비재 제조업으로 구별되며, 제조업은 기본적인 경제 내부에 대한 기초 공급을 원활히 하여 서비스 산업과 같은 3차 산업의 육성을 돕기도 합니다. 또한 우리나라의 경우 자원이 부족한 상황에서 경제 발전의 견인차 역할을 담당하고 있기 때문에 기술혁신의 기반이 되는 사업이기도 합니다. 나라마다 제조업 혁신의 필요성을 부르짖고 자국 중심의 보호무역주의가 강조되는 데에는 이런 제조업의 역할과 특성이 자리 잡고 있습니다.

이런 산업별 특성에서 볼 때 국내 제조업의 관심사는 명확하다고 할 수 있습니다.

(1) 생산효율성 증대와 안전관리의 균형

모든 기업들도 마찬가지지만 제조업은 생산성과 비용절감 문제에 큰 관심을 가지고 있습니다. 생산공정의 효율성을 극대화하고, 에너지와 원자재 비용을 절감할 수 있는 솔루션을 마련하는 것이 주요 관심사입니다. 특히, 많은 고용이 필요하고 숙련된 인력이 어느 업종보다 중요한 만큼 전문인력 채용, 고용 지원, 인건비 절감 방안을 중요하게 생각하며 기술 혁신 및 공정 관리의 일환으로 자동화 도입을 통해 비용절감은 물론 품질을 안정적으로 유지하는 방안에 주목하고 있습니다.

하지만 극단적인 생산효율화 문제는 산업재해 등 안전관리 문제를 야기시킬 우려가 있습니다. 최근 중대재해처벌법 확대 시행 등 안전관리 요구사항이 강화되면서 직원에 대한 안전관리 교육, 사전 예방활동, 안전보건 관리

체계 구축 등의 수요가 급속하게 증가하고 있는 것은 이런 시대적 상황의 방증일 것입니다. 기업의 입장에서 본다면 중대재해에 해당하는 사고가 난다는 것은 기업의 정상적인 경영활동을 위축시킬 수 있는 사항이기 때문입니다. 따라서 생산의 효율화를 위한 비용감축과 안전보건 문제는 제조업 기업이 균형적으로 관리해야 할 가장 핵심 요소라 할 수 있습니다.

▶ 고려해 볼 만한 제안사항

고용 지원, 공정관리 자동화 설비 구축, 시설 및 장비 구축을 위한 시설자금 지원, ISO45001(안전보건경영), ISO22000(식품안전경영), 산업재해예방 우수기업 인증 등

(2) 스마트팩토리 및 자동화 솔루션

제조업은 기술개발에 성장 기반을 두고 있기 때문에 기술 발전의 단계로서 스마트팩토리와 자동화 솔루션은 제조업의 가장 큰 관심사 중 하나입니다. 최근 4차 산업혁명의 하나로 AI(인공지능), IoT(사물인터넷), 로봇공학이 제조업 곳곳에 적용되고 있으며 이를 통해 생산라인의 자동화를 가능하게 하고 산업생산의 효율성을 높일 수 있는 솔루션에 대한 수요가 증가하는 것은 이러한 기술개발로서 흔히 볼 수 있는 모습일 것입니다. 특히 데이터를 기반으로 하여 합리적 의사결정을 가능하게 하고 미래에 발생될 경영상의 문제 예측과 생산설비 관리 및 유지보수의 자동화에 대한 관심도 증가하는 것은 제조업의 가장 큰 특징 중의 하나로, 정부 역시 이러한 기술혁신 사업에 많은 지원 계획을 수립하고 시행하고 있습니다.

▶고려해 볼 만한 제안사항

혁신 바우처, 스마트팩토리·인공지능·로봇 등 중점추진 혁신과제 추진사업, 중소벤처기업진흥공단 스마트제조 시설자금, 벤처기업 인증, 이노비즈 인증, 특허 등 기술개발 관련 지원사업

(3) 품질관리 및 시스템 안정성

제조업에서는 제품의 품질의 일관성과 설비시스템의 안정성도 중요한 요소입니다. 소비재 산업에 있어서는 소비자의 만족도를 이끌어내고 매출의 증대를 위해서 필수적이며, 산업재 생산 과정에서도 제품의 불량률을 최소화하기 위하여 설비 부품 제조 단계의 품질관리를 자동화하거나 표준화하는 솔루션에 대한 관심이 큽니다. 이를 통해 기업은 안정적인 매출구조를 가능하게 하고 표준작업에 따라 제품 생산의 속도를 일정하게 유지시켜 생산계획을 수립하거나 표준원가를 산출하는 데 유용하게 사용할 수 있을 뿐만 아니라, 표준작업대로 교육·훈련함으로써 작업자의 숙련 부족으로 인한 사고 예방과 시간 관리를 가능하게 만들 수도 있기 때문입니다. 이런 이유로 글로벌 스탠더드를 기반으로 한 인증된 품질관리 시스템과 함께 정밀한 데이터 분석을 통해 품질개선을 돕는 도구들이 특히 주목받고 있습니다.

▶고려해 볼 만한 제안사항

ISO9001(품질경영), 소프트웨어 품질인증, 제조설비 표준화 사업 지원 등

(4) 공급망 관리 및 원료부품 수급의 안정성

매출과 직결된 공급망의 원활한 관리와 원료 및 부품의 안정적인 공급은 제조 기업들의 큰 관심사입니다. 아무리 완벽한 생산설비를 갖추고 있다 하

더라도 1차 부품과 재료가 되는 자재 조달에 문제가 생길 경우 지속적인 생산 활동에 문제가 있을 뿐만 아니라 거래처에 대한 신뢰도 문제까지 발생할 수도 있습니다. 특히, 해외에서 부품이나 자재를 조달하는 경우 수입국 관세 정책의 변화, 해양 컨테이너선 확보 등 운송물류비용 절감과 공급업체의 신뢰성 유지 등 공급망 관리가 무엇보다 중요할 수 있습니다.

▶고려해 볼 만한 제안사항

창고 신축부지 매입 자금, AI 도입 물류 및 재고관리 시스템 구축 등

(5) 환경 지속가능성

최근 환경 이슈가 중요해지면서, 제조업 기업들은 탄소배출 감소, 에너지 절약, 재활용 등 친환경적인 요소에 대해 관심을 가지기 시작했습니다. 특히 유럽, 미국 등 서방국가에서는 탄소배출량을 공개하고 저탄소 인증 제품이나 재생에너지를 활용한 생산제품 등에 대한 요구조건이 증가하고 있어 친환경 문제에 대한 각별한 주의가 요구되고 있습니다. 이를 위해서 정부에서도 저탄소 인증을 도입하고 친환경 마크 제품을 확대하고 있으며, 최근 ISO14001 인증 수요가 급속하게 증가하고 친환경 원자재 사용, 에너지 효율화, 폐기물 감소 등을 통한 지속가능경영에 도움이 되는 솔루션에 높은 관심을 가지는 것도 이러한 시대적 상황을 잘 반영하고 있습니다.

▶고려해 볼 만한 제안사항

ISO14001(환경경영), ISO5001(에너지경영), ISO14064(온실가스감축), 저탄소 인증, 친환경제품 인증

2) 단계별 성장전략 플랜

구분	창업초기 (3년 이하)	성장기 (3년~7년)	성숙기 (7년 이상)
기업 인증	• 연구소 - 연구개발공제 - 벤처, 이노비즈 가산점 • 벤처 - 창업감면(국세/지방세) 혜택 - 정책자금, 공공조달, 특허 등	• 이노비즈/메인비즈 - 기술성/성장성/안정성 증명자료 - 전액보증, 보증한도 상향 등 자금 운용 및 정책자금 가산점	• 연구소 - 연구개발 및 세액공제 가산점 • 벤처/이노비즈/메인비즈 - 자금 운용 및 정책자금 지원 우대 - 공공조달 가산점

정책
자금
	• 중진공(소진공)
	- 창업기반지원자금
	  (7년 이내 중소기업)
	• 기술보증/신용보증
	- 창업기업 보증
	• 기술/인력/창업지원자금
	- 예비/초기창업패키지
	- 청년도약일자리장려금, R&D자금
		• 중진공(소진공)
		- 창업기반지원자금
		  (7년 이내 중소기업)
		• 기술보증/신용보증
		- 기보⇒신보 변경 한도상향 자금 확보
		  (기업당 평균 보증한도 기준
		  신보가 높음)
		• 기술/인력/창업지원자금
		- 창업도약패키지
		- 청년도약일자리장려금, R&D자금
			• 중진공(소진공)
			- 혁신성장지원자금
			  (7년 이상 중소기업)
			• 기술보증/신용보증
			- 기보⇒신보 변경 한도상향 자금 확보
			  (기업당 평균 보증한도 기준
			  신보가 높음)
			• 기술/인력/창업지원 자금
			- 청년도약일자리장려금, R&D자금

공공
조달
	• 창업기업/여성기업/장애인기업/소상공인(소기업) 확인
	- 공공구매제도, 의무구매제도
			• 기술개발제품
			- 기술개발 성공 제품
			  우선/의무구매제도
			- 조달우수/NET/NEP/성능인증(EPC) /
			  녹색인증
			• 여성기업/장애인기업 확인
			- 공공구매제도, 의무구매제도

기타	• 특허(디자인/상표) : 기업 기술력 객관적 증명자료 • ISO : 품질, 환경, 안전보건 등 기업 기술력의 객관적 증명자료, 자금/조달/판로/수출 등 분야에 활용 가능 • 뿌리기업/소부장기업 : 정책자금 대상 및 가산점 • 탄소중립/ESG : 제조업에 대한 요구사항 및 활용도 상승 추세		

나. 도매 및 소매업

1) 기업이슈 및 관심사항

도매 및 소매업(이하 도·소매업)은 생산자와 소비자 사이의 상품중개업을 의미하는데 구입한 상품이나 중고품을 변형하지 않고 소비자에게 재판매하는 산업을 말합니다. 판매와 구매를 대리하는 상품중개나 경매 활동 역시 도·소매업으로 분류됩니다. 만약 본인이 구매한 원재료를 자기 명의로 다른 제조업자에게 제조하게 한 뒤 본인이 다시 판매하는 경우 제조업으로 보기 때문에, 제조업과 도·소매업을 혼동하지 않고 이해해야 합니다.

도·소매업은 다시 도매업과 소매업으로 구분할 수 있는데, 도매업은 구입한 물품을 변형하지 않고 소매업자 또는 다른 도매업자에게 재판매하는 산업활동으로 사업자에게 제품을 판매하는 업종으로 보면 됩니다. 반면 소매업은 개인 및 소비용 상품을 변형하지 않고 일반소비자에게 재판매하는 활동으로 백화점, 점포, 노점, 배달, 통신판매 등을 포함하는, 소비자에게 영향을 미치는 판매 활동에 해당됩니다.

도·소매업이 우리나라 산업에서의 비중은 업체 수 기준 약 26%, 고용 기준 15%로 중요한 역할을 담당하고 있습니다. 최근 내수 부진의 영향에도 불구하고 고령화와 은퇴 후 노후창업이 증가하고 전자상거래와 무인매장 확산 등 사회환경 변화 및 기술 개발로 제한적이나마 성장하는 모습을 보여주고 있는 만큼 소비 활동과 직결된 도·소매업의 역할은 계속될 것으로 보고 있습니다.

이런 특징을 가지는 도·소매업은 재화와 서비스를 생산자로부터 소비자에게 이전시키는 최종 또는 중간 활동이기 때문에 매출 증가와 함께 유통 과정에서 나타나는 문제점을 해결하고 프로세스 혁신 및 비용절감 등 각 단계에서 얼마나 효율적인 관리가 이뤄지느냐에 따라 부가가치 규모가 달라지게 됩니다. 즉, 판매자와 소비자의 인적 거리, 장소적 거리, 시간적 거리를 좁히거나 제거하느냐가 도·소매업 성장을 위한 핵심 과제라고 할 수 있겠습니다.

(1) 공급망 관리 및 비용절감

도·소매업의 사업형태는 상품의 중개 및 판매이기 때문에 기업의 대표들은 안정적인 판매제품 확보와 도입원가 절감에 큰 관심을 가지고 있습니다. 안정적으로 판매 대상 제품이 확보되어 있지 못하면 매출활동 자체가 불가능하기 때문입니다. 따라서 업종에 상관없이 완화된 조건으로 진행되는 공공조달 사업 및 판로 지원, 마케팅 사업 참여 등을 생각해 볼 필요가 있습니다. 또한 도입원가 관리, 비용절감 방안을 위한 유통 관리 솔루션을 검토하고 경쟁사 공급처, 공급가격 등의 정보를 중요하게 여기는 만큼 상품의 조달가격을 줄일 수 있는 합리적 방안을 마련하는 것이 필요할 것입니다.

(2) 재고관리 및 효율성 개선

재고관리 솔루션은 도소매 업종에서 필수적입니다. 재고 부족 또는 과잉을 방지하고, 최적의 재고 수준을 유지하는 것이 비용을 절감할 수 있는 우선적인 방법이기 때문입니다. 따라서 자동화된 주문관리 솔루션, AI 기반 자동화 재고관리 시스템을 구축하기 위한 '바우처'에 관심을 가지고 물류센터 부지 확보를 위한 자금 지원, 공장 및 창고 구축 '시설자금' 지원 등을 고려해 볼 수 있습니다. 단, 그러한 지원을 받기 위해서는 반드시 필요한 인증과 가점 등을 확인하여 미리 준비해야 할 것입니다.

(3) 유통채널 확장 및 마케팅

도·소매업의 최근 트렌드는 '무인매장'과 '전자상거래'입니다. 도·소매업 중 해당 업태에 대해서는 업체 수와 고용이 증가하고 있기 때문입니다. 따라서 도·소매업은 소비자의 관심 변화에 따라 제품 판매 및 마케팅을 위해 채널을 확대하거나 조달 플랫폼을 다양화해야 합니다. 오프라인 매장과 온라인 채널을 통합 관리할 수 있는 멀티채널 또는 옴니채널 솔루션에 대한 수요가 증가하고 있는 것은 채널 다양화 형태의 하나입니다. 정부에서는 채널 다양화와 마케팅 지원을 위해 '바우처'와 '정책자금'을 지원하고 있어 도·소매 기업들은 채널 확대 및 마케팅 활성화에 이를 적극 활용할 필요가 있습니다.

(4) 데이터 기반 의사결정 및 실시간 분석

도·소매업은 소비자 또는 도매업자와의 거래를 기반으로 진행되는 비즈니스인 만큼 업계에서는 데이터를 기반으로 시장 동향을 파악하고, 소비자 수요를 예측하여 사전 대응하는 것이 중요합니다. 또한 데이터 기반의 의사결정은 효율적인 재고관리나 마케팅 전략 수립에도 유용한 도구로 기능할 수 있습니다. 제품 수급과 소비자 수요 등 매출과 직결된 데이터를 실시간으로 분석하고 빠르게 대응할 수 있는 대시보드 및 보고서 출력기능은 도·소매업 경영자들에게는 의사결정의 중요한 포인트가 될 수 있습니다.

2) 단계별 성장전략 플랜

구분	창업초기 (3년 이하)	성장기 (3년~7년)	성숙기 (7년 이상)

기업
인증
	• 연구소
	- 연구개발공제
	- 벤처,이노비즈 가산점
	• 벤처
	- 창업감면(국세/지방세) 혜택
	- 정책자금, 공공조달, 특허 등
	• 창업감면 대상업종 확인
	  (전자상거래업)
		• 이노비즈/메인비즈
		- 기술성/성장성/안정성 증명자료
		- 전액보증, 보증한도 상향 등
		  자금 운용 및 정책자금 가산점
			• 연구소
			- 연구개발 및 세액공제 가산점
			• 벤처/이노비즈/메인비즈
			- 자금 운용 및 정책자금 지원 우대
			- 공공조달 가산점

정책
자금
	• 중진공(소진공)
	- 창업기반지원자금
	  (7년 이내 중소기업)
	• 기술보증/신용보증
	- 창업기업 보증
	• 기술/인력/창업지원자금
	- 예비/초기창업패키지
	- 청년도약일자리장려금, R&D자금
		• 중진공(소진공)
		- 창업기반지원자금
		  (7년 이내 중소기업)
		• 기술보증/신용보증
		- 기보 ⇒ 신보 변경
		  한도상향 자금 확보
		  (기업당 평균 보증한도 기준
		  신보가 높음)
		• 기술/인력/창업지원자금
		- 창업도약패키지
		- 청년도약일자리장려금, R&D자금
			• 중진공(소진공)
			- 혁신성장지원자금
			  (7년 이상 중소기업)
			• 기술보증/신용보증
			- 기보 ⇒ 신보 변경
			  한도상향 자금 확보
			  (기업당 평균 보증한도 기준
			  신보가 높음)
			• 기술/인력/창업지원자금
			- 청년도약일자리장려금, R&D자금

공공
조달
	• 창업기업/여성기업/장애인기업/소상공인(소기업) 확인
	- 공공구매제도, 의무구매제도
			• 기술개발제품
			- 기술개발 성공 제품
			  우선/의무구매제도
			- 조달우수/NET/NEP/성능인증(EPC) /
			  녹색인증
			• 여성기업/장애인기업 확인
			- 공공구매제도, 의무구매제도

기타	• 특허(디자인/상표) : 기업 기술력 객관적 증명자료 • ISO : 품질, 환경, 안전보건 등 기업 기술력의 객관적 증명자료, 자금/조달/판로/수출 등 분야에 활용 가능		

다. 건설업

1) 기업이슈 및 관심사항

건설업은 건물이나 물적 인프라를 만드는 업종입니다. 지정된 구매자가 없는 유사 품목의 대량생산 성격을 가진 제조업과 비교한다면 건설업의 특징은 사용자가 확정적이며 목적이 뚜렷하고 대량생산이 아니라는 차이를 가지고 있습니다. 건설업은 국내 총생산의 10% 이상을 점유하고 있으며 고용 창출 능력이 우수하고 소비나 투자심리의 지표로 활용되기 때문에 정부는 경기부양을 위해 최우선적으로 건설업 활성화 지원 전략을 사용하기도 합니다.

건설 분야를 세부적으로 나눈다면 아파트, 빌딩 등 건물을 짓는 '건축' 분야와 도로, 항만, 교량 등 사회 인프라 사업과 연관된 '토목' 분야, 그리고 발전, 석유화학, 정유시설 등 건설과 토목, 화학, 전기 등 모든 분야가 총집결된 '플랜트' 분야로 구분됩니다. 여기에서 중소기업은 건축 및 토목 분야를 담당하는 경우가 대부분이고 여러 분야의 계열사와 협력사를 보유한 대기업이 건축, 토목, 플랜트 등 건설업의 모든 분야를 담당하고 있습니다.

또한 건설업은 사업의 기획 및 마케팅에서 시공사 선정, 조달, 설계, 시공, 민원, 감리, 현장 관리감독에 이르기까지 역할을 수행하는 전문분야가 많기 때문에 건설업을 이해하기 위해서는 다른 산업의 많은 분야를 함께 알고 상호 간에 연결된 메커니즘을 먼저 이해해야 하는 어려움이 있기도 합니다.

건설업은 우리나라의 경제 발전과 함께 성장해 왔다고 할 수 있습니다. 앞에서도 이야기했듯이, 경제성장을 위한 인프라 구축이나 토목, 산업설비, 플랜트 분야에서 건설업의 역할이 있고 경기부양과 고용창출 등에서 건설업의 기여가 매우 크기 때문입니다. 단적으로 말한다면 우리나라 경제성장은 건설업의 성장과 함께했다고 해도 과언은 아닐 듯합니다.

이런 역할적 관점에서 보면 건설업의 최근 국내·외 경제여건은 어느 때보다 불확실성이 높아지는 상황입니다. 대외적으로는 세계 경제가 저성장 국면으로 진입하고 유럽과 중동의 전쟁, 중국 경제의 저성장 고착화 우려, 전세계적인 소비시장 위축 등 불안 요인이 많고, 국내적으로는 고물가 장기화와 환율 상승, 스태그플레이션 우려가 당분간 계속될 것으로 예상됨에 따라 국내 경제성장률 저하가 불가피한 상황이기 때문입니다. 이런 상황에서 건설업은 민간 주택시장의 성장세에 힘입어 2019년 이후 상승하던 성장세가 최근 급격히 둔화되었습니다. 거기에 사회제도적인 변화에 따라 수주물량과 건설투자 중심의 건설업은 건설공사의 품질 및 안전 정책이 강화되는 방향으로 급선회되었고 벌점제도, 안전 관련 처벌 강화와 50인 미만 사업장의 '중대재해처벌법' 확대 시행까지 더해지면서 고물가 및 주택경기 침체 등으로 어려움을 겪고 있는 중소 건설기업의 경영은 어려움이 가중되고 있는 상황입니다.

또한 환경문제의 이슈화로 탄소중립, 녹색성장은 모든 산업에서 가장 우선적인 문제가 되었고, 건설업 역시 민간 공동주택 건설에 '제로 에너지' 건축물이 의무화되고 이를 근거로 건설기업의 투명성과 정보공개 등 거버넌스 분야의 법적 의무 역시 강화되는 점도 건설업 경영환경의 커다란 변화 중의 하나라고 할 수 있습니다. 따라서 건설업의 관심사항은 이러한 경영상의 위기를 극복하기 위한 대안에 집중될 수밖에 없고, 수주량과 같은 매출문제보다도 안전문제, 환경문제 등 법과 제도에 따른 제한사항에 대한 대응책 마련이 급선무라 할 수 있겠습니다.

(1) 프로젝트 효율성 및 비용절감

건설업 역시 손익문제와 직결된 프로젝트의 비용 관리와 효율성을 중요하게 생각합니다. 공사기간 단축, 원자재 비용 절감, 인력 경비 축소를 통해 프로젝트가 예산과 일정에 맞춰 진행되도록 체크하고 관리하는 솔루션이 필요하고, 해당 프로젝트가 얼마만큼의 이익을 가져다줄 것인지에 대한 사업성 평가는 기업의 생존과 연결되어 있기 때문에 프로젝트의 일정을 효과적으로 관리하고 예산을 절감할 수 있는 도구와 기술이 건설업에서는 핵심사항이라 할 수 있을 것입니다.

(2) 안전 관리 및 규제 준수

건설현장은 안전 관리가 필수적이며 법적 규제를 준수하는 것이 매우 중요합니다. 특히 2024년 1월 중대재해처벌법 50인 미만 사업장 확대 시행은 건설업에서 여겨지던 가장 중요한 현안을 한순간에 바꿔버렸습니다. 사실상 건설 중소기업의 법 시행에 대한 대응 준비는 극히 미흡한 상황에 있고 상대적으로 안전사고에 노출되어 있는 건설업종의 특성을 고려할 때 안전사고 한 건이 건설 중소기업에는 생존의 문제가 될 수 있기 때문입니다. 따라서 현장 모니터링 시스템, 안전규제 준수 및 사고 예방 기능 및 교육이 포함된 솔루션에 대해 건설업이 가장 많은 관심을 보이는 것은 당연할지 모릅니다. 이러한 안전 관리 문제는 당분간 건설업을 관통하는 가장 큰 이슈로 자리 잡을 것으로 보입니다.

(3) 환경 지속가능성 및 친환경 건설

환경친화적인 기술과 지속가능한 건설은 현재 건설업계에서 큰 관심사로 떠오르고 있습니다. 다른 산업과 마찬가지로 탄소 배출을 줄이고, 에너지 절약을 실현하며, 재활용 자재를 사용하는 친환경 솔루션이 건설업에서도 요구받고 있고, 소비자나 발주사 모두 환경문제에 대한 관심이 건축물 자체는 물론이고 건설현장의 환경문제까지도 확대되고 있기 때문에 환경규제에 대한 사항은 건설업 경기에 상당한 영향을 줄 수 있을 것입니다. 이에 대한 해결책으로 건설기업에서는 환경규제 준수를 위한 지원과 더불어 친환경 건축자재 사용과 탄소배출 저감 솔루션에 대한 수요가 크게 증가할 수 있습니다.

(4) 디지털 혁신 및 스마트 건설 솔루션

IoT, AI, BIM(Building Information Modeling) 등은 공사 효율성을 높이고, 위험요소를 사전에 예측할 수 있도록 돕는 스마트 건설 기술입니다. 이같은 디지털 혁신 기술은 최근 증대되고 있는 건설공사의 품질·안전 관련 문제에의 대응과 지속되고 있는 건설원가의 상승, 기술인력 부족 문제 등 당면한 건설산업의 문제 해결을 위한 혁신의 핵심 방안으로 떠오르고 있습니다. 이러한 건설기술의 혁신은 기존 건설 프로젝트에서 보였던 수익성 저하 문제와 환경 이슈 등을 해결하는 방법으로 평가받으며 신사업 진출 등 사업영역을 다각화시킬 수 있는 대안으로 주목받고 있습니다. 아울러 현장 상황의 실시간 파악과 데이터 기반의 빠른 의사결정 도구를 마련함은 물론, 스마트 건설기술 등 신기술 경쟁력 확보와 고부가가치 신사업 진출을 위해 건설기술의 신사업 육성 및 신기술 활용 활성화를 위한 건설기업 내부의 역량강화 이슈도 건설업이 관심을 가지는 분야 중 하나가 될 것입니다.

2) 단계별 성장전략 플랜

구분	창업초기 (3년 이하)	성장기 (3년~7년)	성숙기 (7년 이상)
기업 인증	• 연구소 - 연구개발공제 - 벤처,이노비즈 가산점 • 벤처 - 투자소득공제 - 창업감면(국세/지방세) 혜택 - 정책자금, 공공조달, 특허 등	• 이노비즈/메인비즈 - 기술성/성장성/안정성 증명자료 - 전액보증, 보증한도 상향 등 　자금 운용 및 정책자금 가산점	• 연구소 - 연구개발 및 세액공제 가산점 • 벤처/이노비즈/메인비즈 - 자금 운용 및 정책자금 지원 우대 - 공공조달 가산점
정책 자금	• 중진공(소진공) - 창업기반지원자금 　(7년 이내 중소기업) - 단, 일부 전문건설업종만 신청 가능 • 기술보증/신용보증 - 창업기업 보증 • 기술/인력/창업지원자금 - 예비/초기창업패키지 - 청년도약일자리장려금, R&D자금	• 중진공(소진공) - 창업기반지원자금 　(7년 이내 중소기업) - 단, 일부 전문건설업종만 신청 가능 • 기술보증/신용보증 - 기보⇒ 신보 변경 　한도상향 자금 확보 　(기업당 평균 보증한도 기준 　신보가 높음) • 기술/인력/창업지원자금 - 창업도약패키지 - 청년도약일자리장려금, R&D자금	• 중진공(소진공) - 혁신성장지원자금 　(7년 이상 중소기업) • 기술보증/신용보증 - 기보⇒ 신보 변경 　한도상향 자금 확보 　(기업당 평균 보증한도 기준 　신보가 높음) • 기술/인력/창업지원자금 - 청년도약일자리장려금, R&D자금
공공 조달	• 창업기업/여성기업/장애인기업/소상공인(소기업) 확인 - 공공구매제도, 의무구매제도		• 기술개발제품 - 기술개발 성공 제품 　우선/의무구매제도 - 조달우수/NET/NEP/성능인증(EPC) / 　녹색인증 • 여성기업/장애인기업 확인 - 공공구매제도, 의무구매제도
기타	• 특허(디자인/상표) : 기업 기술력 객관적 증명자료 • ISO : 품질, 환경, 안전보건 등 기업 기술력의 객관적 증명자료, 자금/조달/판로/수출 등 분야에 활용 가능 • 기술신용평가/안전보건평가 : 민간/공공 기관 입찰 시 필수 제출자료 • 탄소중립/ESG :제조업에 대한 요구사항 및 활용도 상승 추세		

Part 3

정책자금

1. 사업 구조 및 지원 체계

정책자금이란 민간금융 부문의 시장실패를 보완하고, 정책적 육성이 필요한 기술·사업성 우수 중소기업에 안정적 자금을 지원하여 중소기업 경쟁력 강화 및 성장, 고용 촉진과 기술개발을 통한 미래 성장동력을 창출하기 위해 정부가 법령에 근거하여 지원하는 자금입니다. 이는 '정부지원자금', '국가지원금', '무상자금' 등의 다양한 명칭으로 불리기도 합니다.

대부분의 정책자금은 중소벤처기업부 산하 '중소벤처기업진흥공단'에서 제공하지만, 지역 특성에 맞는 지원을 위해 각 지역 중소기업 및 소상공인을 지원하는 지방 '자치정부'의 역할 비중도 점차 커지고 있습니다. 정책자금은 주로 저금리 대출 형태, 보조금 지원 형태, 투자자금 형태로 제공되며 기업 경영활동의 자금난 해소와 기술 혁신, 고용 촉진을 통한 경쟁력 있는 중소기업으로 육성하는 것이 주요 목적이 됩니다.

정책자금은 지원사업의 성격, 지원자금의 성격, 기업의 성장단계 등에 따라 다양한 형태로 구분이 가능합니다. 지원사업의 성격으로 구분한다면, 기업의 경영활동에 필요한 '운전 자금'과 경영안정화 자금, 설비·장비 등 인프라 구축 및 사업장 건축·매입과 기술개발을 위한 '시설 자금' 및 'R&D 자금', 창업기업의 생산기반 마련과 특허 등 기술개발 사업화를 위한 혁신 '창업 자금' 등으로 구분할 수 있습니다.

그리고 지원자금 자체 성격으로 구분한다면, 갚아야 하는 '유상 자금'과 갚지 않아도 되는 '무상 자금'으로 구분할 수도 있을 것입니다. 유상 자금은 갚아야 하기 때문에 정부로부터 자금을 지원받는 것은 무상 자금에 비해 훨씬 수월할 수 있을 것이며, 무상 자금은 갚지 않아도 되는 만큼 자금 신청과 심사 단계가 상당히 까다로울 뿐만 아니라 갖춰야 할 인증과 자격요건과 자료 심사가 엄격함은 물론 자금 수령 이후 정부의 관리감독도 강화될 수밖에 없습니다.

또한 정책자금은 기업 성장주기에 따른 자금으로 구분할 수도 있습니다. 창업 단계 및 사업 초기 단계에서 필요한 '창업지원패키지', 개발 및 성장 단계에 필요한 여러 형태의 'R&D 자금', 사업화 단계에 필요한 '설비 투자', 수출·내수용 '마케팅 자금' 등이 대표적입니다. 기업의 성장단계에 따른 자금 구분은 정책자금 컨설팅에서 기업이 당면한 상황이나 기업의 성장을 예측하여 필요 자금을 산정하고, 기업의 재무상태나 현황을 파악하여 자금의 성격이나 지원자금의 조건, 상환방식 등 사전준비 단계에서 유용하게 사용됩니다.

단계별 적용이 가능한 기업 대상 정부지원 프로그램

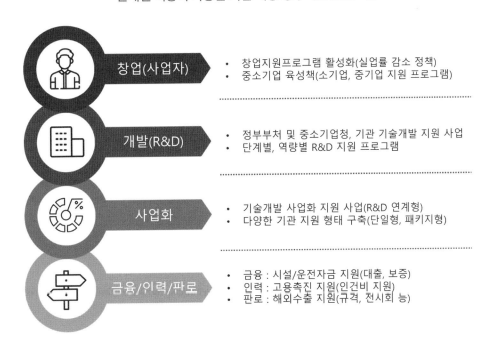

창업(사업자)
- 창업지원프로그램 활성화(실업률 감소 정책)
- 중소기업 육성책(소기업, 중기업 지원 프로그램)

개발(R&D)
- 정부부처 및 중소기업청, 기관 기술개발 지원 사업
- 단계별, 역량별 R&D 지원 프로그램

사업화
- 기술개발 사업화 지원 사업(R&D 연계형)
- 다양한 기관 지원 형태 구축(단일형, 패키지형)

금융/인력/판로
- 금융 : 시설/운전자금 지원(대출, 보증)
- 인력 : 고용촉진 지원(인건비 지원)
- 판로 : 해외수출 지원(규격, 전시회 등)

기업 성장전략을 위한 지원사업 활용_예시

	창업 전	창업	창업 1년	창업 3년
무상지원금 (출연금)	예비창업패키지 무상지원금 최대 1억		초기창업패키지 무상지원금 최대 1억 원	디딤돌 R&D 무상지원금 최대 1억 2회까지
인증/자격 (특허, 기업인증)	특허출원 등 자녀 이력 만들기 학점은행(공학사)		벤처기업 인증 과밀억제권역 내 법인세 50% 5년 감면 혜택	특허지원사업 지자체 자체 지원 추가특허
정책자금 (무상/대출)		기업부설연구소 R&D 요건 충족	중진공/기보/신보 매출 비례 자금조달 운전자금조달	중진공/기보/신보 매출 비례 자금조달 운전자금조달
기타 지원 (성장전략)		중진공청년대출 1억 원 운전자금 조달	제조혁신바우처 최대 5천만 원 마케팅활용자금	제조혁신바우처 최대 5천만 원 마케팅활용자금

3년 이후			창업 10년
창업도약패키지 무상지원금 최대 3억	디딤돌 R&D 무상지원금 최대 1억 2회까지	연구원 고용 지원 신입/고경력 연구원 (인당 월 250만)	네트워크형 산학연계 등
이노/메인비즈 기술혁신형 중기 경영혁신형 중기	인재육성형 중진공 자금 확대 중진공 필요 인증	병역특례기업 인건비 지원 사업	
중진공/기보/신보 매출 비례 자금조달 운전자금조달			시설자금 확보 사옥/공장 매입 등
스마트팩토리 (공장/공방 등) 50% 수준 지원	제품인증 KS/KC/UL 등 녹색기술 성능인증 등	NEP/NET 신제품 인증 신기술 인증	조달우수제품 인증 조달청 공공구매 (의무/우선)

정책자금은 시대의 변화와 트렌드를 따라 지원사업과 지원규모가 정해지는 특징이 있습니다. 최근 4차 산업혁명과 관련한 디지털 전환 사업, 친환경과 그린뉴딜, 일자리 창출 등의 이슈에 맞춰 정책자금이 우선적으로 지원되고 있음을 볼 때 사업 성장을 위한 정책자금 지원을 위해서는 긴 호흡을 가지고 체계적인 준비가 필요할 것입니다.

우리는 정책자금을 크게 '유상 자금'과 '무상 자금'으로 구분하여 각각에 해당하는 자금의 종류를 성격별로 파악해 보고 정부의 정책과 일치하는 사업으로서 어떤 형태의 자금을 준비하는 것이 효과적인지 살펴보겠습니다.

정책자금을 효과적으로 활용하기 위해서는 각 자금의 특징과 지원조건을 명확히 이해하는 것이 중요합니다. 기업의 상황에 맞는 자금을 선택하여 활용하면 자본 확충과 재무구조 개선에 큰 도움을 받을 수 있습니다. 따라서 정부 및 공공기관과의 협력과 적극적인 정보수집을 통하여 최신 정보를 지속적으로 확인하고 적절하게 활용하는 것이 필요합니다. 또한 정책자금이 워낙 다양하고 여러 가지 경로를 통한 지원방법이 있기 때문에 전문가와의 상담과 협력이 반드시 필요하다 할 수 있습니다.

2. 정책자금 성격별 구분과 주요내용

가. 무상 정책자금

무상자금은 정부가 '지원금/출연금' 또는 '바우처' 형태로 제공하며 기업의 경영활동을 위한 사업화 지원에 중요한 역할을 합니다. 주로 다양한 분야의 R&D 사업에 지원되며, 기술 개발, 공정 개선, 사업화 자금 등 정부가 재정상 원조를 목적으로 법령에 근거하여 '기업에게 반대급부 없이' 금전적인 지원을 하는 '출연금' 형태로 제공됩니다.

선정기준이 까다롭고, 기술력이 중요한 요소이며, 정부와 협약을 통해 공공성, 혁신성, 수출, 대체기술 등 정책부합도에 맞게 자금을 지원하게 됩니다. 쉽게 이야기하자면, 온라인 전환, 신규 고용, 수출 준비 등 정부정책에 아주 부합되는 사업활동, 즉 정부가 원하고 예뻐할 만한 사업활동에 대해 공짜로 돈을 주는 것이라 이해하면 됩니다.

무상 정책자금의 여러 가지

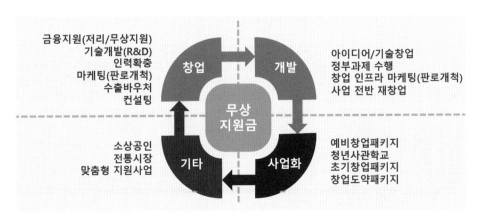

R&D 사업	사업화 자금	고용 지원금
① 기업주도형 ② 협력형 ③ 정책주도형	① 예비창업패키지 ② 초기창업패키지 ③ 창업도약패키지	① 고용 창출 ② 고용 안정 ③ 고용 유지

R&D 사업은 기술개발이라는 정부정책을 실현하고, 기술과 아이디어를 가진 창업 희망자 또는 초기 창업자 지원은 기술개발은 물론 향후의 고용창출효과를 도모하고자 하는 것이며, 고용 지원금은 중소기업을 지원하는 가장 큰 목적 중의 하나가 '고용 창출'이므로, 고용 창출, 고용 안정, 고용 유지에 해당하는 비용을 정부가 지원함으로써 '고용 확대'와 '실업률 개선'이라는 정책자금 집행목적을 달성하게 됩니다.

1) 사업화 자금 : 창업패키지

무상지원금의 형태로 가장 먼저 살펴볼 사업은 '창업패키지' 사업입니다. 창업패키지는 창업생태계 전반에 걸친 지원사업을 혁신성장을 가치로 기술형 창업을 지원하기 위해 '창업진흥원'이 주관하는 사업입니다. 아이디어와 기술력을 보유한 중소기업을 발굴 육성함으로써 기술강국의 가치 실현이 주요 목적입니다.

따라서 창업패키지는 기업의 기술력은 별도로 자금 지원을 위한 필수요건을 갖추어야 하며, 무상자금 형태로 지원되는 만큼 기술력에 대한 심사나, 사업계획에 대한 보고서 제출은 물론 프레젠테이션과 면접 등의 엄격한 심사과정을 거치게 됩니다. 물론 자금이 집행된 이후에도 정기적인 비용 지출

검사 과정이 있고 사용처에 대한 사후관리와 결과 확인도 진행합니다. 그 과정에서 부정한 요소가 발견되면 지원되는 금액은 몰수되고 기업활동에 불이익을 겪을 수도 있습니다.

성장단계별 창업기업 지원체계(창업진흥원)

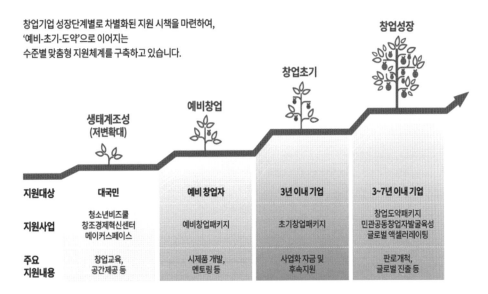

창업기업 성장단계별로 차별화된 지원 시책을 마련하여,
'예비-초기-도약'으로 이어지는
수준별 맞춤형 지원체계를 구축하고 있습니다.

	생태계조성 (저변확대)	예비창업	창업초기	창업성장
지원대상	대국민	예비 창업자	3년 이내 기업	3~7년 이내 기업
지원사업	청소년비즈쿨 창조경제혁신센터 메이커스페이스	예비창업패키지	초기창업패키지	창업도약패키지 민관공동창업자발굴육성 글로벌 액셀러레이팅
주요 지원내용	창업교육, 공간제공 등	시제품 개발, 멘토링 등	사업화 자금 및 후속지원	판로개척, 글로벌 진출 등

　　창업패키지는 크게 '창업준비' 단계, '창업초기' 단계, '창업성장' 단계 등 세 단계로 구분하여 지원합니다. 창업패키지는 예비, 초기, 창업도약 단계의 패키지 지원을 통합하는 말로, 자금 지원뿐만 아니라 창업에 필요한 시설 대여, 인력 고용, 시제품 개발, 사업화 자금, 마케팅 컨설팅, 네트워킹 등 창업 관련 모든 부분의 지원이 이루어진다는 의미로 이해하시면 됩니다. 따라서 창업을 희망하는 청년사업가나 창업의 초기나 성장 단계에 있는 중소기업은 철저한 사업계획을 준비하여 창업패키지 지원사업 신청을 고려해 보아야 합니다.

성장단계별 창업기업 지원 세부내용

	창업준비 (예비-1년)	창업초기 (1-3년)	창업성장 (3-7년)
사업화 지원	예비창업패키지 지원사업	초기창업패키지 지원사업	창업도약패키지 지원사업
	재도전성공패키지 지원사업　창업중심대학　민관공동창업자발굴육성(TIPS)		
	-	초격차 스타트업 1000*	
글로벌 창업		글로벌 기업 협업 프로그램　글로벌 액셀러레이팅	
	K-스타트업 그랜드 챌린지　창업이민종합지원시스템(OASIS)		
창업 인프라	메이커스페이스　창조경제혁신센터　스타트업파크　1인 창조기업 지원센터　중장년 기술창업센터　창업존　그린스타트업타운		
창업 시스템	온라인 법인설립시스템　창업기업확인시스템　창업지원포털(K-Startup)　창업에듀		

※ 출처 : 2025년 창업지원사업(창업진흥원)

<예비창업패키지>

정부의 중소기업 지원에서 중요한 숫자는 1, 3, 7입니다. 정부는 대기업보다는 중소기업의 고용창출 능력이 좋고 7년 미만의 중소기업에서 가장 효과가 높다는 사실을 알고 있습니다. 따라서 중소기업 지원은 7년 미만 기업에 집중되게 되는데, 그 중에서도 핵심 지원 시기인 창업 전 사업화 준비 시간과 창업 '1년 미만'의 '창업기(Start-up)'에 지원하는 사업이 바로 '예비창업패키지'입니다.

예비창업패키지는 혁신적인 기술창업 아이디어를 보유한 예비창업자를 위해 사업화 자금, 멘토링, 창업 프로그램 등을 지원하는 사업입니다. 지원 규모는 매년 편성 예산 규모에 따라 다르나 최근의 추세를 감안한다면 2022년을 정점으로 감소되었다 다시 회복하고 있는 추세입니다. 최고 6천만 원까지 무상자금 형태로 지원되고 시제품 제작, 마케팅 등에 소요되는 자금으로 활용할 수 있고, 주관 부처 또는 기관에서 지정한 멘토링사업에 참여하여 사업화와 관련한 전문가들의 의견을 들을 수도 있습니다. 1년 미만의 기업들에 지원되는 사업이다 보니 심사기준에 기업 재무제표의 영향이 적은 대신고용창출 능력과 기술의 사업화 가능성을 집중해서 심사하게 됩니다.

창업 이후 핵심 지원 시기

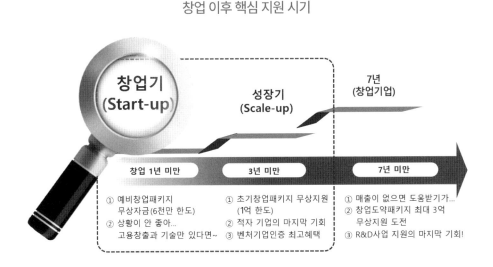

지원사업으로 선정되기 위해서는 가지고 있는 사업 아이디어를 사업계획서에 잘 표현해 내는 것도 중요하고, 사업계획서 심사가 통과된 후에는 대표가 해당 분야 전문가 심사위원을 대상으로 사업에 대한 프레젠테이션도 이뤄지게 됩니다. 무상자금인 만큼 자금 사용에 대한 증빙, 사업계획 진도 관리, 대표자 교육, 사후 결과 보고 등 엄격한 과정 관리가 이뤄지게 됩니다.

예비창업자에 대한 지원사업은 '창업진흥원(www.k-startup.go.kr)'이 주관하고 있지만, 수도권과 지방권의 균형 지원을 위해 창업 지원 기관으로 선정된 대학 '산학지원단' 또는 '지역 경제진흥원' 등의 지자체에서도 주관이 되어 사업을 진행하기도 하고, 글로벌 또는 AI 등 특정 사업영역만을 특정화시켜 진행하기도 하기 때문에, 지역 및 기관을 잘 모니터링하여 신청하는 것이 필요합니다.

이 외에도 창업준비 단계에서 신청 가능한 지원제도로 '공공기술 창업사업화 지원사업', '생애최초 청년창업 지원사업', '도전 K-스타트업' 등을 들 수 있으며 창업 관련 지원사업에 대한 공고 내용을 반드시 확인하시기 바랍니다.

예비창업패키지 지원사업(요약)

> **STEP 1 : 창업준비 > 예비창업패키지**

> 혁신적인 기술창업 아이디어를 보유한 예비창업자를 위해 사업화 자금, 멘토링, 창업프로그램 등 지원

대 상	> 기술기반 창업을 준비중인 예비창업자 (공고일 현재 사업체를 보유하고 있지 않은 자)	규 모	> ('25년) 490억 780명 내외

> 지원내용 > 1. 사업화 자금 : 시제품 제작, 마케팅 등에 소요되는 사업화 자금 지원(최대 6천만 원)
> 　　　　 > 2. 창업프로그램 : BM(비즈니스모델) 고도화, MVP(시제품) 제작 지원, 창업교육 등

<초기창업패키지>

정부의 중소기업에서 중요한 숫자 3에 해당하는 사업으로 창업 '3년 미만'의 기업 대상이며, 창업 이후 기업의 '성장기(Scale-up)'에 도약이 가능하도록 다시 한번 지원하는 제도입니다.

초기창업패키지는 유망 창업 아이템 및 고급기술을 보유한 창업 3년 이내 창업기업이 대상이며 '시제품 제작', '마케팅' 등 사업화 자금 및 시장진입과 초기 '투자유치' 및 '기업성장'을 위한 초기 창업 프로그램을 지원하여 기업의 안정화 및 성장을 지원하는 제도입니다. 기업당 1억 한도로 무상자금 형태로 지원하며, 재무제표가 지원 여부를 결정하는 데 영향력이 크지 않기 때문에 적자 기업의 입장에서는 정부 지원을 받을 수 있는 마지막 기회가 될 수 있습니다.

초기창업패키지 지원사업(요약)

STEP 2 : 창업초기 > 초기창업패키지

> 유망 아이템 및 고급기술 보유 창업 3년 이내 창업기업에 사업화 자금 및 초기 창업프로그램 지원

| 대 상 | > 창업 3년 이내 기업 | 규 모 | > ('25년) 455억
430개사 내외 |

> 지원내용 > 1. 사업화 자금 : 시제품 제작, 마케팅 등에 소요되는 사업화 자금 지원(최대 1억 원)
>   > 2. 창업프로그램 : 시장진입, 초기 투자유치, 실증검증 등 창업기업 성장 프로그램

또한 창업 3년이 되는 시점에 벤처기업 인증을 취득하게 되면 기업의 법인세/소득세 최대 50% 감면과 취득세 75% 감면, 기술보증기금 보증한도 확대, 연구전담요원 연구활동비 소득세 비과세 등 세제, 창업, 입지, 특허, 인력, 광고 등 여러 분야에 걸쳐 혜택이 제공되므로 사업 성장과 경쟁력 강화를 위한 가장 좋은 방안이라 할 수 있을 것입니다. 벤처인증과 관련해서는 Part 5 '기업인증' 편에서 자세히 설명하도록 하겠습니다.

<창업도약패키지>

'창업 3년 이상 7년 미만' 기업에게 지원하는 '창업도약패키지'는 도약 단계에 창업기업이 회사 성장의 위기 시점을 극복하고 자생적으로 성장할 수

있도록 지원하는 사업으로, 최대 3억 원 이내에서 사업모델 및 제품 서비스 고도화 사업자금과 컨설팅, 판로, 공동사업 개발 부문의 대기업 협업과 투자 유치 및 글로벌 진출을 위한 융자, 투자형 맞춤형 프로그램을 지원합니다.

창업 7년 정도의 기업이 해당되는 만큼 일정 수준의 매출이 없으면 지원 대상 기업으로 선정되기 어렵고, 지원자금 규모가 있는 만큼 R&D 인프라 구축을 위한 좋은 기회로 활용할 수 있습니다.

창업도약패키지 지원사업(요약)

STEP 3 : 창업도약 > 창업도약패키지

> 도약단계(3~7년) 창업기업이 위기극복 후 자생적으로 성장하도록 스케일업 등 지원

대 상	> 창업 3년 초과 7년 이내 기업	규 모	> ('25년) 592.6억 373개사

> 지원내용 > 1. 사업화 지원 : 사업모델 및 제품 서비스 고도화에 필요한 사업화 자금(최대 3억 원), 특화 프로그램(투자유치, 글로벌 진출 등) 지원
> 2. 대기업 협업 : 사업화 자금, 맞춤형 프로그램(컨설팅, 판로, 공동사업 등) 지원
> 3. 투자 병행 : 일반사업화 지원 사항에 추가적으로 투자 병행 지원

이 밖에도 창업 전반의 지원사업으로 '창업중심대학', '글로벌기업 협업 프로그램', '민간투자주도형 기술창업 지원(TIPS)', '민관협력 오픈이노베이션 지원', '초격차 스타트업 1000+ 프로젝트', 'K-스타트업센터', '글로벌 엑셀러레이팅 지원사업' 등이 있으며, 인프라 지원사업으로서 '메이커 활성화 지원', '창조경제혁신센터', '창업존 운영', '중장년 기술창업센터', '1인 창조기업 지원센터', '온라인 법인설립 시스템' 등이 있으니 창업과 관련한 제도적 지원 내용을 공고문을 통하여 반드시 확인하여 창업 관련 정부지원사업을 적극 활용하는 것이 필요할 것입니다.

창업전반지원 주요사업 요약

사업내용	대상	주요 지원 내용
재도전성공패키지	예비창업자 또는 재창업 7년 이내 기업	사업화 자금 : 시제품, 지재권, 마케팅 소요 자금 특화 재창업교육, 전문가 멘토링, IR, 실패원인분석 등 재기 프로그램, 재창업 자금, 보증 우대 등
지역창업특화 지원	1인 창조기업 및 40세 이상 중장년 (예비)창업자	사무공간, 사업모델 개발, 창업교육, 네트워킹 등
창업중심대학	예비창업자로부터 7년 이내	시제품 제작, 마케팅 소요 사업화 자금 창업중심대학의 창업지원 프로그램
글로벌기업 협업 프로그램	업력 7년 이내 (신산업 분야 업력 10년까지)	사업화 자금(기업당 평균 1.25억) 글로벌 기업 인프라(서비스, 교육, 멘토링), 네트워킹
민관협력 오픈이노베이션	중소기업창업지원법상 (예비)창업기업	혁신기술 보유 스타트업과 기술 필요 수요기업 간 PoC, MVP 등 협업 스타트업 자금
초격차스타트업 1000+	초격차 10대 분야 업력 10년 이내	사업화 자금(최대 연 2억 3년) R&D정책자금 및 기술보증 우대, 수출바우처 가점, 교육/컨설팅 상시 지원
K-스타트업센터	투자유치 이력, 현지 매출실적 보유 업력 7년 이내	IR피칭, 데모데이 등 AC연계 엑셀러레이팅, 현지 법률,회계,노무 컨설팅 등 해외진출 지원, 4개국
글로벌엑셀러레이팅	창업 7년 이내	국내 : 창업기업 진단, 멘토링, 파트너십 컨설팅 등 해외 : 투자유치, IR 등 현지진출 프로그램

2) 기술개발(R&D) 지원자금

'기술개발(R&D) 지원자금'은 중소기업의 신기술·신제품 개발 및 제품·공정 혁신 등에 소요되는 기술개발 관련 비용을 지원하여 중소기업의 기술경쟁력 향상을 도모하기 위해 지원되는 자금을 의미하며, 중소벤처기업부, 과학기술정보통신부 등 여러 부처에서 시행합니다. 수출 및 제조업 기반의 기술산업을 지향하는 우리나라 산업 구조상 기술개발자금은 규모가 클 수밖에 없고, 중장기적인 특정 산업의 육성과 투자가 필요하다고 판단되는 사업에 지원이 집중되기 때문에 지원사업이 다양하다는 특징이 있습니다.

형태별 R&D 지원사업 종류

추진전략	세부사업명	내역사업명	
1. 시장에 도전하는 혁신적 R&D	중소기업기술혁신개발	수출지향형 / 시장확대형 / 시장대응형	
	창업성장기술개발	디딤돌	
		TIPS	일반형 / 딥테크 / 글로벌
	산재예방기술개발	디지털기반 중소제조 산재예방 기술개발	
2. R&D 생태계를 혁신하는 네트워크 R&D	산학연 Collabo R&D	산학협력 기술개발	예비연구 / 사업화 R&D
		산연협력 기술개발	예비연구 / 사업화 R&D
3. 재정투입을 효율화하는 R&D	지역혁신선도기업육성	주력산업 생태계구축 / 지역기업 역량강화	
	중소기업연구인력지원	신진 연구인력 채용 지원 고경력 연구인력 채용 지원 공공연 연구인력 파견 지원 중소기업 연구인력 현장맞춤형 양성 지원	

따라서 기술개발 R&D 자금 신청을 준비하는 중소기업의 경우 우선적으로 개발 과제에 대한 확실한 내용을 수립하고 기업의 규모, 과제의 성격, 자격요건 등을 면밀하게 검토하여 적합한 지원사업을 선정하는 것이 무엇보

다 필요하다 할 수 있으며, 중소벤처기업부(www.mss.go.kr), 범부처통합 연구지원시스템(www.iris.go.kr), 중소기업 기술개발사업 종합관리시스템 (www.smtech.go.kr), 국가과학기술지식정보서비스(www.ntis.go.kr) 등에서 세부 사업별 공고 내용을 확인할 수 있습니다. 여기에서는 중소벤처기업부에서 주관하는 주요 기술개발사업에 대하여 자세히 알아보겠습니다.

<중소기업 기술혁신개발자금>

'중소기업 기술혁신개발자금'은 중소기업이 기술개발을 통해 기업의 규모를 '스케일업(Scale-Up)'할 수 있도록 혁신역량 단계별 R&D 지원과 신속한 사업화를 통한 기업 성장을 도모하기 위해 지원하는 자금입니다. 지원하는 규모는 매년 조금씩 달라지지만 기술개발을 위한 연구개발비를 65~75%까지 지원해 주는 사업인 만큼 일정 규모 이상(2024년의 경우 매출액 20억 이상)의 중소기업을 대상으로 지원하며 정부지원사업 중에서도 큰 규모라고 할 수 있습니다.

중소기업 기술개발자금 지원 내용

내역사업	개발기간 및 지원한도	지원한도	지원방식
수출지향형	최대 4년, 20억 원	65% 이내	자유공모 또는 품목지정
시장확대형	최대 2년, 6억 원	75% 이내	
시장대응형	최대 2년, 5억 원		

지원되는 사업 내역은, 수출 유망 중소기업의 글로벌시장 경쟁우위 확보

및 해외시장 개척, 성장 촉진을 위한 '수출지향형' 기술개발사업과 민간 주도의 기술 경쟁력 확보 및 중점분야 중소기업의 전략적 육성을 위한 '시장확대형' 기술개발사업, 그리고 중소기업 혁신역량 강화를 위해 유망 기술분야 성장 가능성이 우수한 중소기업 대상의 '시장대응형' 기술개발지원 등 세 가지 사업형태로 구분되며 정부가 선정한 중점지원 사업분야에 대하여 연구개발비를 지원하게 됩니다. 2024년의 경우 '신디지털전환 사업', '탄소중립 사업', '미래혁신선도 사업', '성장동력 고도화 사업'을 중점지원 분야로 선정하였습니다.

기술개발지원자금은 대표적인 무상 자금에 해당되기 때문에 지원 대상 기업을 선정하기 위한 절차가 까다롭고 자금이 지원된 이후에도 과제평가에 대한 관리가 철저하게 운영됩니다. 지원사업 영역별 지원자격과 중점지원 사업분야(품목)가 매년 정부정책과 연계하여 변화가 있으므로 '범부처통합 연구지원시스템(www.iris.go.kr)'에 공고되는 내용을 정확하게 확인하여 신청과 심사, 과정 관리에 불이익이 없도록 해야 할 것입니다.

기술개발자금 프로세스(수출지향형/시장확대형/시장대응형)

☞ 시장대응형(지역특화R&D) 프로세스의 일부 업무는 지방 중기청에서 담당

<창업성장기술개발자금>

창업기업에 대한 전략적 R&D 지원을 통해 기술기반 창업기업의 혁신성장을 촉진하고 창업강국으로의 도약을 위한 기술개발을 지원하기 위한 자금으로, 창업 후 7년 이내, 매출 20억 미만의 중소기업에 지원합니다. 지원내용은 초기 창업기업의 글로벌 혁신기술 개발, 소재부품장비 등 전략기술의 R&D 수요 충족과 지역 창업생태계 및 여성기업 등 균형 성장을 지원하기 위한 '디딤돌사업'과 '액셀러레이터' 등 'TIPS(Tech Incubator Program for Startup Korea)' 운영사가 발굴·투자한 기술중심 기업에게 멘토링과 함께 기술개발을 지원하는 사업으로 구분됩니다.

창업성장기술개발자금 지원 내용

내역사업		개발기간 및 지원한도	지원한도	지원방식
디딤돌		최대 1.5년, 2억 원		
TIPS	일반형	최대 2년, 5억 원	75% 이내	자유공모 또는 품목지정
	딥테크	최대 3년, 15억 원		
	글로벌	최대 3년, 12억 원		

추진 절차는 크게 '사업공고 → 기업발굴 → (글로벌)역량평가 → 과제추천 → 과제접수 → 과제평가 → 선정 → 협약 → 지원 및 사후관리' 단계로 진행되며, 세부과제에 따라 운영기관이 달라지므로 신청과 관련한 세부내용은 '중소기업 기술개발사업 종합관리시스템(www.smtech.go.kr)'에서 확인하시면 됩니다.

첫걸음 기술개발자금 프로세스(창업전문기관 R&D/성장네트워크 R&D)

사업공고	기업발굴	역량평가/품목검토	과제추천	IRIS 과제접수
> 중소벤처기업부	> 운영기관	> 운영기관	> 운영기관	> 주관기관

지원/사후관리	협약	선정	과제평가	요건검토
> TIPA/운영기관	> TIPA⇒중소기업	> 중소벤처기업부	> TIPA	> TIPA

☞ 창업전문기관 R&D는 역량평가를, 성장네트워크 R&D는 품목검토평가 적용

<디지털기반 중소제조 산재예방기술개발>

중대재해법 확대 시행과 산업재해 예방에 대한 필요성 증가라는 중소기업의 현실적 문제에 적극 대응하기 위한 기술개발 영역에 자금을 지원하는 사업입니다. 지원 대상은 제조현장 안전 관련 진단, 점검, 예방, 대응 활동을 위한 기술과 역량을 보유한 주관연구개발기관(공급기업)과 개발된 기술 및 시스템을 실증할 수 있는 공동연구개발기관(도입기업), 대학 연구기관 등이 참여한 컨소시엄이며, 정부는 산재 예방을 위한 기술개발은 물론 산업안전 센서, 개인화 웨어러블 장비, 로봇, 안전 솔루션 등 개발된 성과물 확산과 적용에도 적극적인 지원을 합니다.

디지털기반 중소제조 산재예방기술개발 지원 내용

내역사업	개발기간 및 지원한도	지원한도	지원방식
디지털기반중소제조 산재예방기술개발	최대 2년, 6.6억 원	75% 이내	품목지정

☞ 산업재해 발생률이 높은 50인 미만 제조 중소기업 10개 업종의 주요 사고 발생원인을 해결하기 위하여 총 4개 품목에 집중

☞ ① 작업자 행동기반 장비 및 솔루션 ② 위험기계·기구 관리를 위한 장비 및 솔루션
③ 화재 폭발, 누출, 질식 해결을 위한 장비 및 솔루션 ④ AI기반 점검, 진단 솔루션

\<산학연 Collabo R&D\>

산학연 협력 R&D 활성화를 통한 '중소기업 혁신성장과 일자리 창출을 목적'으로 기업부설연구소 또는 연구개발 전담부서를 보유하고 있거나 설치 계획이 있는 중소기업과 산학연 협력 R&D 공동연구개발기관으로 등록된 대학 또는 연구기관을 지원하는 사업입니다.

기술개발의 인력, 기술, 장비가 부족한 중소기업에게 대학의 보유자원을 활용하여 기술개발과 보유 아이템 및 기술 컨셉의 사업화를 지원하여 기업의 혁신과 성장을 도모하는 사업으로 이해할 수 있습니다.

산학연 Collabo 지원 내용

내역사업	단계	개발기간 및 지원한도	지원한도	지원방식
컨소시엄형 (2~4개 일반과제)	1단계(예비연구)	8개월, 2억 원	75% 이내	분야지정
	2단계(사업화 R&D)	최대 2년, 10.4억 원		
일반형 (산학협력, 산연협력)	1단계(예비연구)	8개월, 0.5억 원		자유공모
	2단계(사업화 R&D)	최대 2년, 2.6억 원		

☞ 1단계(예비연구) : 사업화 아이템 및 기술 컨셉의 실현 가능성 검증을 위한 연구개발 활동 등으로 R&D를 통한 기술검증, 선행기술조사, 사업수요조사 등 사업추진의 타당성 확인

☞ 2단계(사업화R&D) : 전년도 1단계(예비연구) 수행 과제만 신청 가능

<지역혁신선도기업 육성 R&D>

수도권으로의 기업 집중 해소와 비수도권 중소기업 육성 등 국가의 균형적인 발전을 도모하기 위해 14개 시·도 소재 주력산업을 영위하는 중소기업을 지원하는 사업입니다. 혁신성과 성장성을 갖춘 지역 중소기업 협업과 산학협력 중심 기술혁신을 지원 등 주력산업 생태계를 구축하고 지역기업의 성장동력을 확보하기 위한 R&D 지원으로 지역기업의 역량강화가 핵심적인 목적이라고 할 수 있습니다.

정부지원 연구개발비는 주력산업 생태계 구축 품목에는 연 7억 원, 지역기업 역량강화 품목에는 연 2억까지 75% 한도 내에서 지원하게 됩니다.

지역혁신선도기업 육성 R&D 세부내용

구분	지원조건	정부지원 연구개발비 한도	지원방식
주력산업 생태계구축	최대 2년, 연 7억 원	75% 이내	품목지정
지역기업 역량강화	최대 2년, 연 2억 원		

<중소기업 연구인력 지원>

이공계 연구인력을 양성 및 공급하여 중소기업의 이공계 연구인력 확보 애로 완화 및 기술경쟁력 강화를 위한 고용지원금 지원자금으로, 중소기업이 신진 연구인력, 고경력 연구인력을 채용할 경우 기준 연봉의 50%를 지원하고, 중소기업에 공공연구기관 인력을 파견할 경우에도 연봉의 50%를 지원하여 중소기업에 연구인력이 유입될 수 있도록 지원합니다.

중소기업 연구인력 지원 내용

구분	정부지원 연구개발비 지원한도	정부출연금 비율	지원방식
신진 연구인력 채용	최대 3년, 기준연봉의 50%	50% 이내	자유공모
고경력 연구인력 채용	최대 3년, 연봉의 50%(최대 5000만/년)		
공공연 연구인력 파견	최대 3년, 파견공공연구기관 연봉의 50%		
중기 연구인력 행정맞춤형 양성	2+1년, 센터당 약 12억/년	100% 이내	

3) 바우처

'바우처'란 특정 서비스에 대해 일부 비용을 기업이 부담하고 나머지를 정부가 지원하는 정부지원사업의 한 형태입니다. 제조, 수출 판로 개척, 데이터 등 다양한 분야에서 활용되며, 예를 들어 제조업체의 제품을 양산하는 기업의 경우 기술지원, 마케팅, 컨설팅 등 다양한 분야의 바우처 운영기관에 신청을 하고 서비스를 제공받을 수 있습니다. 운영기관은 바우처를 수요기업에 지급하며, 사전에 수요기업 지원이 가능한 공급기업을 별도로 선정합니다. 그리고 수요기업은 자체 부담하는 비용을 제외하고 공급기업에 바우처를 제시하고 공급기업은 수요기업으로부터 받은 바우처를 운영기관에 제시하여 정산받는 구조로 처리하게 됩니다.

바우처 업무 흐름도

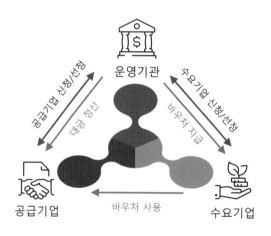

바우처 지원 사업은 어떤 사업을 중점적으로 지원하느냐에 따라 해마다 조금씩 달라집니다. 코로나 팬데믹 시기에는 비대면 영업환경 조성을 위해

'비대면 바우처'를 운영하기도 했고, 기술산업에 있어 인공지능 기술이 도입됨에 따라 '데이터 바우처', '스마트팩토리 지원 바우처', 'AI 바우처'가 운영되기도 했습니다.

물론 비슷한 성격을 가진 사업내용을 운영기관 및 주체에 따라 바우처 사업 명칭만 변경하거나 사업내용을 통합 또는 분할하여 지원하는 것이라 생각할 수도 있지만, 바우처 사업 명칭에도 정부에서 중요하게 생각하는 분야에 대한 힌트가 담겨 있고, 바우처 사업의 특성상 정부가 지원이 필요하다 판단되는 사업영역에 바우처 형태로 지원 가능하기 때문에 바우처 지원을 희망하는 기업은 정부 지원을 받기 위해 갖추어야 할 조건과 자격을 검토하여 사전 준비할 필요가 있습니다.

기업의 활용도가 높은 바우처 사업의 여러 가지 종류

바우처	내용	기타
수출 바우처	• 50~70% 지원 • 국내 중소기업 수출 활성화 촉진 • 해외 특허 출원, 해외 규격인증, 홈페이지 제작 등	신뢰성 바우처 데이터 바우처
제조혁신 바우처	• 50~90% 지원 • 제조 중소기업의 경쟁력 강화 • 시제품 제작, 디자인 개선, 특허 출원 등	비대면 바우처
스마트팩토리 바우처	• 30~100% 지원 • 스마트공장 구축을 통한 경쟁력 강화 • 로봇 및 공정자동화, 데이터 인프라 구축 등	AI 바우처 클라우드 바우처
지식재산 바우처	• 70~80% 지원 • 스타트업의 IP 경쟁력 강화 • 국내외 특허 출원	지역기업혁신성장 바우처

\<혁신 바우처>

　성장 가능성이 높은 중소기업을 대상으로 정확한 진단을 통하여 기업이 필요한 특성별 맞춤형 지원으로 중소기업의 경쟁력을 강화하고자 마련된 바우처 사업의 대표격이라 할 수 있습니다. 중소벤처기업부의 주관 아래 중소벤처기업진흥공단(이하 중진공)에서 관리를 담당하며 수행기관이 제공하는 분야별 서비스(컨설팅, 기술지원, 마케팅)를 선택하여 이용할 수 있도록 바우처 형태로 제공합니다.

혁신 바우처 유형 및 서비스

바우처 유형	주요내용	해당 서비스
일반	성장 가능성이 높은 제조 소기업을 대상으로 전문가 진단을 통해 기업별 맞춤형 서비스 제공	컨설팅, 기술지원, 마케팅
탄소중립	탄소저감 가능성이 큰 제조 중소기업을 대상으로 탄소중립 경영혁신 등의 서비스 제공	컨설팅(필수), 기술지원(선택)
중대재해예방	제조 중소기업의 중대재해예방을 위한 서비스 (컨설팅, 기술지원) 제공	컨설팅(필수), 기술지원(선택)
재기컨설팅	경영위기 중소기업의 원활한 회생 및 재기를 위해 구조개선, 회생, 재창업 및 사업정리 등의 서비스 제공	별도 서비스
지역성장형	지역 주축산업 등을 육성하기 위해 지방정부 및 지방 중기청이 기획, 설계한 과제에 대한 서비스 제공	컨설팅, 기술지원, 마케팅

혁신 바우처 서비스별 지원 내용

지원분야	세부 지원내용
컨설팅(4개)	① 경영기술전략 ②중대재해 예방 ③ 탄소중립 경영혁신 ④ 재기 컨설팅
기술지원(5개)	① 시제품 제작 ② 시스템 및 시설 구축 ③ IP기반 기술사업화 ④ 제품시험/인증/연구장비활용 ⑤ AX, DX 추진전략
마케팅(4개)	① 디자인 개선 ② 브랜드 지원 ③ 홍보물 제작 ④ 광고 지원

'혁신 바우처 플랫폼(https://www.mssmiv.com)'에서 신청하고 중진공에서 평가 선정하여 바우처를 발급하면 중소기업은 사전 확보된 수행기관을 모니터링하여 서비스 신청을 하고 사전 납부한 기업분담금을 제외한 서비스 비용을 바우처로 정산하면 됩니다. 지원 규모는 해당 기업의 매출액 규모나 바우처의 종류에 따라 달라지는데 총 사업비용의 평균 40~85%를 지원받을 수 있습니다.

그럼 혁신 바우처 사업 중 최근 경영 환경과 연결되어 중요성이 부각되는 분야에 대한 정부의 중점 지원 사업을 선정하여 자세한 내용을 알아보도록 하겠습니다.

<혁신 - 일반 바우처>

제조업을 주 업종으로 하는 3년 평균 매출액 120억 이하의 소기업을 대상으로 바우처를 제공하여 컨설팅, 기술지원, 마케팅 분야 10개 프로그램을 이용할 수 있는 바우처 사업의 대표격이라 할 수 있는 정부지원사업입니다.

정부의 모든 지원사업은 해당 중소기업이 지원 대상에 포함되어 있는가를 먼저 확인하는 것이 중요한데, 예를 들어 혁신 바우처 '일반형'의 경우 제조업을 주 업종으로 하는 중소기업이 지원 대상이라 하더라도 정확한 판단을 위해서는 표준산업분류코드의 'C'에 해당되는지 구체적으로 확인하여야 하고, 매출액 산정 역시 「중소기업기본법 시행령」 제7조에 따른 평균매출액 산정 기준을 따라야 하므로, 자의적인 판단보다는 보다 구체적인 근거를 가지고 지원 대상 여부를 판단하여야 할 것입니다.

일반 바우처 지원 내용

분야	프로그램	서비스 지원내용
컨설팅	경영기술전략	• 생산관리, 품질관리, 기술사업화 전략, 노무, 인사, 조직, 세무, 재무, 회계, 경영전략, 구조개선, 영업전략, 융복합 등 • 노동법 대응(최저임금제, 근로시간 대응 등)
기술지원	AX/DX 추진전략	• 스마트공장 진단 및 AX/DX 실용화, 활성화, 고도화를 위한 전략 수립
	시제품 제작	• 디자인 목업, 제품 형상 구현(샘플금형, 비금형, 정밀 미세가공, 섬유, 식품)
	시스템 및 시설 구축	• 생산관리 정보화, 기술유출방지 시스템, 연구시설, 스마트공장 구축, 공정 설계(생산공정, 생산라인), 생산정보 디지털화 지원 등
	제품시험/인증/연구장비활용	• 하드웨어(성능, 안전성, 신뢰성, 조달품 적합, 유해물질 분석, 자가품질검사), 소프트웨어(보안해킹, 앱/웹) 등 시험, 인증, 연구장비활용
마케팅	디자인 개선	• 제품 디자인, 포장 디자인 등
	브랜드 지원	• CI 디자인 개발, BI 개발, 브랜드 스토리, 브랜드 슬로건 등
	홍보물 제작	• 기업, 제품 홍보를 위한 홍보물 제작 (브로슈어, 카탈로그, 홍보영상, 홈페이지 등)
	광고 지원	• 온/오프라인 매체 활용 제품 홍보(온라인광고, 방송, 옥외광고, 교통매체 등)

바우처 이용 절차를 보면, '협약 - 발급 - 계약 - 사업수행 - 정산'의 순서로 진행되며 정부 보조율은 매출액에 따라 상이하나 45~85% 범위에서 지원하게 됩니다.

일반 바우처 진행 프로세스

<혁신 - 중대재해예방 바우처>

2024년 1월부터 중대재해처벌법이 확대 시행됨에 따라 사업주와 경영책임자 등에 대한 처벌과 행정적 제재, 징벌적 손해배상책임 규정이 강화되면서 기업들의 안전관리에 비상이 걸렸습니다. 특히 인력과 자금력 부족을 겪는 중소기업은 재정적 부담 증가와 함께 기업경쟁력 약화까지 우려되는 상황이라 체감되는 리스크는 훨씬 크다고 할 수 있습니다. 산업재해 예방과 피해자 보호의 명분으로 시행된 법령이라 하더라도 중소기업이 갖는 부담을 일정 부분 해소하기 위하여 시행되고 있는 것이 바로 '중대재해예방 바우처' 사업이라고 이해하시면 됩니다.

중대재해예방 바우처 지원 프로그램

분야	프로그램	서비스 지원내용
컨설팅 (필수)	중대재해예방 컨설팅	위험성평가, 공정안전관리, 근로자 건강장해 예방, 화학물질 관리 등 중대재해 예방을 위한 전략 수립
기술지원 (선택)	시제품 제작	디자인 목업, 제품 형상 구현(샘플 금형, 비금형, 정밀 미세가공, 섬유, 식품)
	시스템 및 시설 구축	생산관리 정보화, 기술유출방지 시스템, 연구시설, 스마트공장 구축, 공정설계(생산공정, 생산라인), 생산정보 디지털화 지원 등
	IP 기반 기술사업화	• 기술이전에 필요한 자문비 및 수행대행비 지원 • 지식재산권(IP) 획득 지원(분쟁대응 포함) • 지재권 진단, 신제품 기획, 문제해결, 제품고도화
	제품시험, 인증, 연구장비활용	• 하드웨어(성능, 안전성, 신뢰성, 조달품 적합, 유해물질 분석, 자가품질검사), 소프트웨어(보안해킹, 웹/앱) • 제품 또는 품질 관련 국내인증 취득 등

중대재해예방 바우처는 주 업종이 제조업인 중소기업을 대상으로 위험성평가, 안전관리, 화학물질 관리 등 안전관리 전략수립 등 중대재해예방 컨설팅(최소 1천만 원)과 시스템 및 시설 구축, 기술 사업화, 제품 시험·인증 등

기술지원 프로그램을 지원하는 사업입니다. 바우처 이용 절차는 일반 바우처와 유사하며 정부가 지원하는 바우처 보조율은 40~85%를 적용합니다. 중대재해법 확대 시행에 따라 바우처 이용 가능 기업도 계속 확대될 것으로 예상됩니다.

<혁신 - 탄소중립 경영혁신 바우처>

'탄소중립 경영혁신 바우처'는 기업이 탄소배출을 줄이고 지속가능한 경영방식을 도입하기 위해 지원하는 정책으로, 기업이 탄소배출을 줄이는 데 중점을 두고 있으며, 이를 통해 기업의 경영 효율성을 높이고 환경보호에 기여할 수 있습니다.

탄소중립 경영혁신 바우처를 통해 기업은 에너지 효율성을 높이기 위해 태양열 시스템이나 풍력발전 시스템을 설치하거나, 친환경 자재를 사용하여 제품을 생산할 수 있고, 탄소배출을 줄이기 위해 재활용 프로그램을 도입하거나 친환경 운송수단을 사용할 수 있습니다. 특히 수출에 비중이 높은 우리 기업에 있어서는 탄소중립 제품 및 시설에 대한 유럽이나 미국 등 수출국의 요구 수준이 높아지는 것에 대비하고자 저탄소경영 인프라 구축을 위한 컨설팅 및 기술지원을 하는 사업이라고 이해하면 됩니다.

이러한 상황에 따라 제조 기반 중소기업을 대상으로 지원하되 고탄소 배출 10개 업종을 지정하여 탄소수준진단 등 경영혁신 컨설팅과 친환경 저탄소 제품 개발과 관련 인증을 취득하는 기술지원 분야로 구분하여 중소기업 매출별 40~85%까지 지원하고 있습니다.

탄소배출 지정 업종과 프로그램 지원 내용

고탄소 배출 10개 업종	
① 1차 금속 제조업	⑥ 음료 제조업
② 자동차 및 트레일러 제조업	⑦ 펄프, 종이 및 종이제품 제조업
③ 비금속 광물제품 제조업	⑧ 코크스, 연탄 및 석유정제품 제조업
④ 섬유제품 제조업(의복 제외)	⑨ 화학물질 및 화학제품 제조업(의약품 제외)
⑤ 고무제품 및 플라스틱제품 제조업	⑩ 금속 가공제품 제조업(기계 및 가구 제외)

분야	프로그램	서비스 지원내용
컨설팅 (필수)	탄소중립 경영혁신 컨설팅	• 탄소수준진단 : 에너지사용 현황 분석, 탄소중립 역량강화 교육 등 • 심층 컨설팅 : 공정 개선 및 공정 효율화, 탄소저감 목표설정
기술지원 (선택)	시제품 제작	탄소저감을 위한 온실가스 감축, 에너지 이용 효율화, 자원순환 및 친환경 기술 등에 필요한 설계 및 시제품 제작 지원
	에너지 효율 향상 시스템 및 시설 구축	전력 수요절감 효과가 우수한 효율향상 설비 시스템 설계 구축 지원
	친환경, 저탄소 관련 인증	제품 또는 기업이 친환경 평가기준, 환경 경영 체제, 에너지 경영 시스템 등에 적합한지 여부를 판단하는 인증 지원
	친환경, 저탄소 제품 시험	제품이 친환경, 신에너지원, 효율향상 등에 적합한지 여부를 판단하는 평가 및 시험 지원

<수출 바우처>

중소기업의 수출 확대 및 글로벌화를 목적으로 수출 지원사업 중의 하나로 지원되는 '수출 바우처'는 내수, 수출 중소기업의 규모별 해외 마케팅 서비스 지원을 통해 수출액 확대 및 수출 선도기업 육성을 목적으로 하고 있습니다.

수출 바우처 업무 흐름도

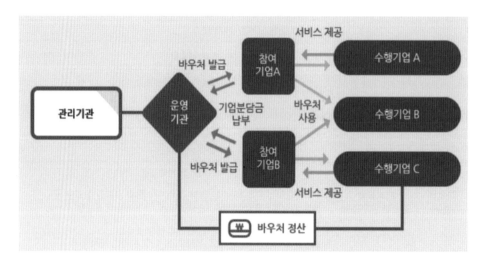

(출처 : 수출지원기반활용사업 https://www.exportvoucher.com)

지원 대상은 「중소기업기본법」 제2조에 따른 중소기업으로 제한되며 수출액 규모에 따라 지원 트랙을 구분하고 최대 1억 원 한도에서 매출액 규모에 따라 50~70%까지 차등하여 지원하게 됩니다.

수출 바우처 지원 범위(2024년)

지원트랙	지원대상	지원한도	국고보조율
내수기업	전년도 수출액 1000불 미만	3000만 원	
수출보조	전년도 수출액 1000불~10만 불 미만		
수출유망	전년도 수출액 10만 불~100만 불 미만	4000만 원	50~70% 수준
수출성장	전년도 수출액 100만 불~500만 불 미만	7000만 원	
수출강소	전년도 수출액 500만 불 이상	1억 원	

디자인 개발, 해외 인증, 전시회 사업, 국제 운송 등 해외진출 시 필요한 마케팅 서비스를 패키지 형태(수출 바우처)로 지원하게 되며 바우처 지원을

받기 위해서는 신청요건, 지원 제외대상 여부를 가리는 서류심사 단계와 글로벌 역량 진단을 통해 '수출기반, 수출기획, 수출실행, 지속성장, 신시장 개척 계획 평가' 등의 현장평가 단계를 거치게 됩니다.

바우처 업무 흐름도

1단계	2단계	3단계	4단계	5단계
사업신청 및 선정	납부 및 발급	메뉴판 선택	수출 지원	바우처 정산
사업별 신청기업 평가 및 선정	기업분담금 납부 및 바우처 발급	메뉴판 내 필요 서비스 선택	선택한 수출 마케팅 서비스 진행	운영/수행기관 사업비용 정산

이러한 과정을 통해 수출 바우처를 받은 기업은 '수출지원기반활용사업 포털(www.exportvoucher.com)'에서 수출 업무에 필요한 서비스를 자유롭게 선택하여 구매하고 이용할 수 있습니다. 서비스를 수행하는 기관/기업도 직접 선택해서 수출에 필요한 업무를 맡길 수 있습니다.

바우처 지원 14개 서비스 분야 및 담당 수행기관 수

591	1,317	71	576	246	119
조사/일반 컨설팅	디자인개발	브랜드개발/관리	홍보동영상	통번역	역량강화 교육
409	1,000	1,178	769	266	274
전시회/행사/해외영업지원	해외규격인증	특허/지재권	홍보/광고	국제 운송	서류대행/현지등록
252	0				
법무 세무 회계 컨설팅	무역보험·보증				

(출처 : 수출지원기반활용사업 https://www.exportvoucher.com)

수출을 통한 해외진출을 고려하는 중소기업은 해외시장에 대한 정보력 부재와 자금력 부족, 마케팅을 위한 전문인력 부족 등 해외시장 진입에 어려움을 겪을 수밖에 없습니다. 해외 바이어와 거래가 체결되기 이전에 중소기업 제품을 홍보하고 바이어들의 관심을 높이기 위한 사전 마케팅 전략이 필수적임은 물론이고, 마케팅에 자금도 많이 들어가고 시간 또한 오래 소요되기 때문입니다.

따라서 수출 바우처는 내수시장을 벗어나 수출 중심의 글로벌 중소기업을 육성하기 위한 가장 효과적인 방법이라 할 수 있을 것입니다. 관세, 운송비 등 비용 절감, 해외시장 진출의 제품경쟁력 강화, 정부가 지원하는 기관의 지원 및 협력을 통한 신뢰도 향상 등의 효과를 얻을 수 있기 때문입니다.

수출 바우처 활용을 통한 사업지원 예시

구분	사업내용
온라인/오프라인 전시회	• 참가기업 '제품' 실제 쇼룸 전시 후 노출효과 도모 • 페이스북 및 유튜브 계정을 활용하여 행사 및 제품홍보 등 진행 → 고객 요청, 제품 성격, 현지 시장 상황을 파악하여 온/오프라인 전시회 운영
홍보 콘텐츠 제작	• 제품소개 영상(한국 영상에 자막 처리) • 소비자 리뷰 스타일 영상 • 베트남 전문가 인터뷰 영상(한국 참여사의 질의응답에 대한 답변, 한국어 자막으로 제작) • 바이어 제공용 One Page Proposal Report(베트남어, PDF)
화상상담회 개최	• 쇼룸 및 오피스 활용 행사기간 중, 상설 상담(현지 상담인력 대행) • 상담기간 중 기간을 확정하여 바이어 화상상담회 운영
전자상거래 채널 상품 PR 마케팅	• 페이스북 등 SNS 채널, 쇼피(Shopee) 등 온라인마켓 입점으로 상품의 시장성 점검 • 초기 판매패턴 분석 등을 통한 가격정책 수립
해외지사 대행 서비스	• 의뢰 기업의 해외 진출 전 인프라 및 인력 세팅 • 내국인 바이어 발굴 등 사전 마케팅 • 행정, 법률, 회계 등 기업운영 행정지원 기반 구축

나. 유상 정책자금 : 융자 지원

앞에서 우리는 무상자금에 대해 살펴보았습니다. 단순하게 거래의 형태로만 생각하면 '공짜로 주는 돈'과 '나중에 갚을 돈'으로 구분할 수 있지만, 기업의 경영조건에 맞는 자금 선택 기준으로 본다면 기업이 필요한 자금의 사용처가 정부가 아주 좋아하는 사업분야인가, 아니면 정부보다 기업의 이익을 위한 사업분야인가로 나눌 수 있다고 이야기했습니다.

'유상지원금', '정부대출', '정책자금' 등의 용어로 사용되는 '정부 융자 지원금'은 저금리로 빌려주는 돈이라고 생각하면 됩니다. 여신 거래의 약정상 빌려주는 사람과 빌리는 사람이 있고, 기간이 있고, 이자율이 있습니다. 물론 약정기간이 종료된 후에는 빌린 원금도 상환을 해야 하는 자금입니다. 돈을 빌려준다는 여신 거래이기 때문에, 은행이 거래에 관여하는 경우가 많지만, 때로는 정부기관에서 직접 빌려주기도 하고 어떤 경우에는 보증서만 발급해주고 자금은 은행이 대신 집행하는 경우도 있습니다.

직접대출과 보증지원 흐름도

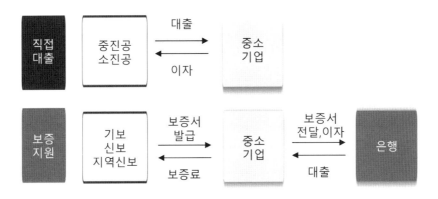

예를 들어, 정부의 자금지원에 있어서는 '중소기업진흥공단'(이하 중진공)의 역할이 매우 다양한데, 중진공은 직접대출 형태로 융자 지원 사업을 담당하기도 하지만, 기업의 창업에서부터 기술혁신, 수출, 마케팅 등 기업활동의 전 분야를 관여하고 있고, 무상자금에서도 보았듯이 심사 및 자금집행, 관리까지 중진공에서 하는 경우가 많습니다. 그래서인지 많은 기업 대표님들이 중진공에서 받는 모든 자금은 갚지 않아도 되는 '좋은' 자금으로 생각하는 경향이 있기도 합니다.

다시 말하자면, 정부의 융자 지원 사업은 기업의 활동이 정부정책에 어긋나지 않고 자격요건이 된다면 자금의 규모와 기간, 금리를 조정하면서 많은 기업들이 좀 더 쉽게 받을 수 있다는 장점을 가지고 있다고 할 수 있고, 나중에 갚아야 할 돈이기 때문에 자금을 신청할 때 제출할 서류의 양도 무상자금보다 확실히 간편한 것도 사실이라고 할 수 있습니다. 따라서 유상자금은 무상으로 지원받기 어려울 때 고려하는 차선책일 수도 있지만, 무상자금 신청 및 심사의 난이도, 관리의 엄격함을 생각하면 유상자금과 보증서를 활용한 기업대출 등이 기업 경영을 위해 우선 고려해야 할 자금조달 경로일 수도 있습니다.

융자 지원 종류와 내용

융자지원 종류	구분	용도	세부내용
융자 지원 / 운전자금 / 시설자금	시설	설비 구입	생산, 정보화 촉진, 유통물류, 생산환경 개선 등에 필요한 기계장비의 구입에 필요한 자금
		사업장 건축	자가 사업장 확보를 위한 토지 구입비 및 건축 자금 * 일반기숙사, 사업장 내 복리후생 관련 복지시설 포함 ** 토지구입비는 건축허가가 확정된 사업용 부지 및 산업단지 등 계획입지의 입주계약자 중 6개월 이내 건축착공이 가능한 경우
		사업장 매입	자가 사업장 확보를 위한 사업장 매입 자금(경, 공매 포함)
	운전	기업 경영활동	원부자재 구입, 제품의 생산, 시장 개척, 기술 개발, 인건비, 임차보증금 등 기업 경영활동에 소요되는 자금

정부가 지원하는 융자의 종류를 구분하는 것은 여러 가지 방법으로 가능할 것입니다. 하지만 중소기업, 즉 사용자 측면에서 본다면 경영에 필요한 일반 자금이냐, 아니면 시설 등 생산과 연결된 인프라 구축과 관련된 자금이냐에 따라 '운전자금'과 '시설자금'으로 구분하는 것이 가장 합리적일 듯합니다. 이렇게 '운전자금'과 '시설자금'으로 구분하는 것은 융자 지원 분야를 포함한 정부자금정책에서 자금의 규모와 성격을 구분하는 일반적인 방법으로 사용되고 있는데, 생산시설 확충에 필요한 시설자금은 지원되는 자금규모도 크고 금리도 운전자금에 비해 상대적으로 유리하게 적용받을 수 있습니다.

융자 지원은 지원 방법에 따라 '직접대출'과 '지급보증'의 두 분야로 나눌 수 있습니다. 직접대출은 앞에서 이야기했듯이 중진공과 같은 정부기관에서 직접 대출을 해주는 것이고, 지급보증은 정부기관은 기업 심사를 통해 대출한도를 정하여 보증서를 발급해 주고, 기업은 그 보증서를 가지고 거래 은행에 가서 대출을 받는 구조입니다. 은행은 정부기관이 보증 위험을 부담하기 때문에 연체 등 손실의 위험이 적고 심사 등 거래를 위한 절차가 없어 약간의 이윤을 더해 대출을 해주는 구조가 가능하게 되는 것입니다.

융자 지원 방법

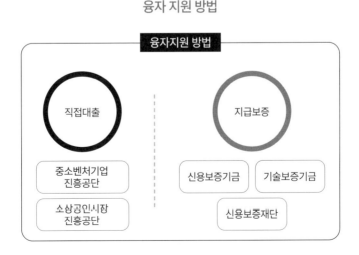

보증서 발급과 대출에서는 보증서를 어디서 받을 것인가 하는 결정과 어떤 은행을 이용할 것인가 하는 것이 중요한데, 그 이유는 기업의 업종, 자금의 성격 및 필요 자금의 규모에 따라 보증서 발급 기관이 달라질 수 있으며, 은행 역시 이윤을 추구하는 기관이기 때문에 은행 자체의 정책과 중요도에 따라 보증 대출의 금리를 포함한 선호도가 달라지기 때문입니다.

정책자금 중 융자 지원의 목적은 민간금융 부문의 시장실패를 보완하고 정책적 육성이 필요한 기술·사업성 우수 중소벤처기업에 안정적 자금을 지원하여 경쟁력 강화 및 미래 성장동력 창출이라고 할 수 있습니다. 즉, 이윤을 추구하는 민간금융의 대표격인 은행이 기업을 통한 이윤 추구를 먼저 생각한다면 장시간 소요되는 기술개발과 기술의 사업화가 불가능하기 때문에 결과적으로 기업의 안정적 경영을 저해하여 기술을 바탕으로 한 국가의 산업경쟁력이 약화될 수 있기 때문입니다.

이런 이유로 인하여 정부의 융자 지원은 고용창출이 우수하고 수출 증대로 인한 매출 향상이 가능한 기업과 장기투자 관점에서 생산력 증대를 위한 시설투자 기업, 무엇보다 글로벌 경제환경에 대응하기 위한 핵심성장분야에 투자하는 기업에 자금을 우선적으로 지원하게 됩니다. 이러한 융자 지원의 목적상 지원되는 자금은 장기융자 형태이기 때문에 시중보다 낮은 금리를 적용받고, 민간금융의 실패를 보완한다는 취지이기 때문에 직접·신용 대출 위주로 자금을 지원하며, 수도권에 집중된 정부지원을 해소하기 위하여 지방권에 더 많은 지원이 돌아갈 수 있도록 하고 있습니다.

융자 지원은 민간금융을 쉽게 이용 가능한 우량기업을 제외하고 기업의 주된 사업의 업종이 융자 제외 대상 업종에 해당하지 않는 '중소기업법상의 중소기업'을 대상으로 지원하므로, 융자 지원이 불가능한 제한 기업에 대해 확인할 필요가 있습니다.

　정부의 융자 지원의 금리 결정은 정책자금 사업별로 정한 기준 금리에서 자금 종류, 신용위험등급, 담보 종류, 우대조건에 따라 달라지는데, 기업의 시작 단계인 창업 관련 자금은 기준 금리보다 낮게 책정되고 경영안정자금과 같은 일시적 경영 애로를 해소하기 위한 일반형 자금은 기준 금리에 위험률을 반영한 금리를 적용받게 됩니다.

정부 융자 지원의 방향성

(출처 : 2025년 중소기업 정책자금 융자사업 안내)

중점지원 사업영역 세부내용

사업	사업 종류
혁신창업사업화자금	창업기반지원, 개발기술사업화자금
신시장진출지원자금	내수기업수출기업화자금, 수출기업글로벌화자금
신성장기반자금	혁신성장지원자금, 제조현장스마트화자금, Net-Zero 유망기업 자금, 스케일업금융
재도약지원자금	사업전환, 무역조정자금, 구조개선전용자금, 재창업자금
긴급경영안정자금	재해중소기업지원, 일시적 경영애로
밸류체인안정화자금	단기생산자금 공급, 매출채권 조기 유동화

정책자금 융자 신청 순서는 '융자 신청(온라인) → 정책우선도 평가 → 신청서류 작성' 순으로 진행되며, 이 중 '정책우선도 평가'는 기업의 주력 업종이 융자 지원의 중점지원 분야에 해당하는지 여부를 판단하고 기술 및 경영혁신, 글로벌화, 정책우대, 성장잠재력 등을 고려하여 기업 평가등급을 산정하여 융자 지원 가부 판단의 결정적 역할을 하게 됩니다.

융자 지원 기본 프로세스

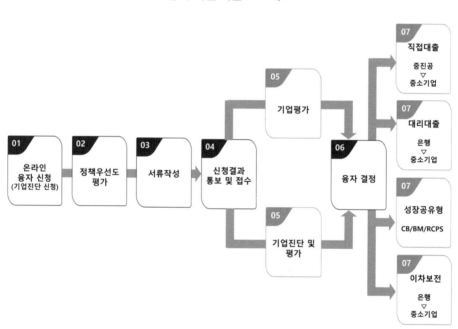

여기에서 정책자금에 있어 '인증'의 중요성이 부각되는데, 기술보유 및 경영혁신 기업의 경우 '이노비즈', '메인비즈' 인증을 획득한 경우 높은 정책우선도 평가점수를 받아 융자 신청에 확실히 유리한 면이 있는 점은 '인증'의 중요성을 나타내는 단적인 예라고 할 수 있을 것입니다.

뒤에서는 융자 지원 사업을 주관하는 기관에 따라 직접대출 방식과 지급보증서를 통한 간접대출 방식을 구체적으로 살펴보도록 하겠습니다.

융자 지원 사업 주관처에 따른 난이도

기관	특 징				장점	단점
	대출 규모	난이도	소요 기간	금리		
중진공	보통	매우 어려움	보통	저렴	제조/IT 인증/특허	높은 경쟁률
기보	보통	어려움	보통	은행 기준	대출종류 /시설자금	건설업 제외
신보	많음	중간	빠름	높음	비제조업 가능	부동산 업종 제외
보증 재단	적음	쉬움	빠름	은행 기준	업종제한 없음	1억 이하
소진공	적음	쉬움	보통	저렴	소상공인 제조업	1억 이하

보증기관

신보(신용보증기금) 기보(기술보증기금)

신용보증재단(자자체/ 지역신보)

대출기관

중진공(중소벤처기업진흥공단)

소진공(소상공인시장진흥공단)

1) 직접대출 방식 : 대출

 정책자금 융자 대출 담당기관의 심사를 통한 자금 지원 결정 후 대출 방법은 '직접대출' 또는 '간접대출'(대리대출) 두 가지 방식으로 구분됩니다. 대출 방법과 상관없이 금리 및 기타 대출 조건은 동일한데 '직접대출'은 중진공에서 직접적으로 대출과 상환을 취급하는 것이며, '간접대출'은 업체 편의에 의해 은행을 통해 대출을 받고 상환하는 것이고 중소벤처기업진흥공단과 약정한 16개 은행에서 취급하고 있습니다.

 그럼 직접대출의 대표격이라 할 수 있는 중소벤처기업진흥공단의 대출과 소상공인진흥공단에서 운영하는 운전자금 성격의 대출에 대해 자세히 알아보도록 하겠습니다.

중소벤처기업진흥공단(이하 중진공)의 대출 대상은 광업·제조·건설·운수업은 상시 근로자 수 10인 이상, 그 밖의 업종은 상시 근로자 수 5인 이상의 기업입니다. 중진공 대출은 기업의 사업영역을 중요하게 생각하기 때문에 '제조', '혁신성장', '초격차', '신산업', '그린' 분야 등 정부가 중점 지원하고자 하는 사업에 해당하는 경우 '정책우선도 평가' 및 '기업 심사'에서 가점을 인정받을 수 있습니다.

중진공 대출의 특징은 적용금리가 상대적으로 낮다는 점과 정부의 정책의지에 따라 변동성이 좀 크다는 점을 들 수 있습니다. 과거 운전자금의 경우에는 기업 입장에서는 큰 자금을 대출받을 수 있었으나, 최근 자금 부족을 겪는 회사가 늘어나고 자금 용도에 대한 소명 어려움이 빈번하자 과거보다 훨씬 적은 자금을 대출하는 형태로 바뀌었습니다. 즉, 중진공 스스로의 판단에 따라 대출을 결정하기도 하지만, 정부의 정책과 맞물려 지원 규모를 조절하기 때문에 기업 입장에서는 해마다 바뀌는 지원 조건이나 규모 등을 잘 파악해도 실제적으로는 기업 자체가 대출 조건이나 시기를 조절하기가 사실상 불가능합니다.

중진공은 원칙적으로는 매달 자금을 신청할 수 있지만, 1~3월 상반기에 대부분 자금 예산이 소진되고 8~9월 추경 이후 다시 자금이 충전되면 재신청을 받는 것이 일반적입니다. 상반기에 대출이 몰리는 이유는 앞에서도 말했듯이 대출을 받고자 하는 시기와 조건 등을 기업이 선택하기 어렵기 때문에 연간 예산이 편성되고 사업 공고가 나면 중진공 자금을 받으려는 기업들의 대출 신청이 몰리기 때문입니다.

아이러니한 점은, 자금의 수요는 1분기에 가장 많으나 12월 결산 법인들의 실제 결산 시기는 3월이기 때문에 대부분 전년 실적이 아닌 1년 전의 재무제표로 자금을 신청한다는 것인데, 여기에서 주목할 점은 중진공 운전자금 대출에 있어서는 무엇보다 재무제표의 중요성이 대두된다는 점입니다. 만약 1년 전의 재무제표가 좋지 않다면 탈락할 가능성이 높고, 탈락한다면 다시 6개월을 기다려야 하기 때문에 과거에는 기업의 대표가 대면상담이나 전화상담 시 적극성, 사업성 등 회사의 정성적인 부분을 설명할 수 있는 기회가 있었지만, 현재는 재무지표를 AI가 우선 심사하기 때문에 정성적인 측면을 강조할 기회조차 주어지지 않습니다.

즉, 대출 여부를 실질적으로 결정하는 정책우선도 평가에서 가점사항이 상대적으로 낮을 경우 탈락할 확률이 높습니다. 그럼에도 불구하고 낮은 이자율과 대출규모, 조건 등이 다른 정책자금보다 좋기 때문에 기업이 가장 우선적으로 고려하는 주요 자금조달 통로로서 여전히 인정받고 있습니다.

중진공 자금 프로세스

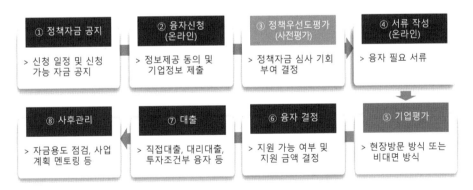

지원대상	• 제조업, 건설업, 운수업, 광업 등은 상시 근로자 10인 이상 • 그 밖의 업종은 상시 근로자 수 5명 이상	
중점지원	혁신성장분야, 뿌리산업, 소재부품장비산업, 지역주력산업 등	
정책우선도 평가	① 혁신성장분야 ② 첫 거래 기업 ③ 고용창출실적 ④ 고용유지활동(인재육성, 가족친화, 내일채움) ⑤ 최근 3년 내 지식재산권	⑥ 기술경영혁신 ⑦ 직접수출실적 ⑧ 정부정책 우대 기업 ⑨ 성장잠재력 AI 평가
	※ 신청 기업이 많을 경우 정책우선도 평가를 우선 검토하여 선정	
지원금액	1억 원 ~ 3억 원	
소요기간	약 60일	

융자대상
결정
	•(기업평가) 기술성, 사업성, 미래성장성, 경영능력, 사업계획 타당성 등을
	  종합 평가하여 기업평가 등급(Rating)을 산정
	 - 고용창출 및 수출실적 등을 기업평가 지표에 반영하여 우대
	•(융자대상 결정) 기업평가 결과, 일정 평가등급 또는 일정 기준 이상인 기업을 대상으로
	  융자 여부 결정	

\<소상공인시장진흥공단\>

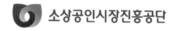
소상공인시장진흥공단

　소상공인시장진흥공단(이하 소진공)은 법인기업보다는 자영업자들이 주로 이용하는 기관입니다. 대표 1인 기업부터 5인 미만의 업체들이 신청할 수 있어 자영업자들에게는 사업 초기는 물론 사업체의 운전자금을 조달할 수 있는 주요 창구로 활용되고 있습니다. 매달 온라인으로 대출 접수를 받고 있으며, 직접대출과 간접대출(대리대출)이 가능한데, 대리대출은 확인서를 받아 지역신용보증재단에서 보증서를 받고 은행에서 대출받는 구조입니다.

　소진공은 대출 자금 1억 이내로 중진공에 비해 소액 대출이 대부분이며 기계 구입, 설비시설 확충 등 시설자금 형태의 특별한 경우에는 2억까지도 자금을 대출받을 수 있습니다. 소진공 대출의 장점 중 하나는 제조업만 지원

받을 수 있는 '소공인특화자금'과 '혁신성장형자금'(예: 스마트 자동화 설비, 서빙로봇 도입, 주문용 스마트패드 설치) 등을 지원받을 수 있고 중진공 대출과 비교해 대출 조건이나 심사가 까다롭지는 않다는 점을 꼽을 수 있습니다.

하지만 중진공에 비하면 많은 자금을 대출받을 수 없고, 최근 대출기관이나 보증기관들의 경향을 반영하여 업력이 오래된 소상공인이라 하더라도 매출이 없거나 적다면 대출 자체를 받지 못할 수도 있습니다. 또한 대표자의 신용점수가 KCB 기준 700점 이상이어야 가능성이 있다는 점은 소진공 대출을 받는 데에 큰 제한 사항이 될 수 있습니다.

설립목적	소상공인 육성과 전통시장, 상점가 지원 및 상권 활성화를 목적으로 설립
지원대상	상시 근로자 5인 미만 업체 / 제조업, 건설업, 광업, 운수업은 10인 미만 업체
중점지원	위기지역, 재해피해, 청년, 저신용, 스마트기술 도입 소상공인
지원금액	1억 원 이내
소요기간	약 60일
절차	① 회원가입 > 소진공 홈페이지 ② 대출심사 > 현장실사(사업전망, 경영성 신용도 평가 등) ③ 약정체결/실행 > 약정 체결 후 대출 실행
종류	• 신사업 창업사관학교 연계자금 - 최근 1년 이내 신사업 창업사관학교 수료 후 해당 아이템으로 창업한 소상공인 • 소상공인·전통시장자금 : 민간금융 이용이 어려운 저신용 소상공인 • 소공인특화자금 : 제조업을 영위하는 상시 근로자 수 10인 미만의 소공인 • 성장촉진자금 : 자동화설비 등
비고	선착순 마감 사업(매월 공고)

2) 간접대출 방식 : 보증

융자 지원의 '보증' 방식은 업력, 재무상태, 신용도 및 담보제공능력이 부족한 기업들에게 정부기관이 보증서를 발행해 줌으로써 은행 등 민간금융으로부터 자금조달을 가능하게 하는 방식을 말합니다. 이윤을 추구하는 은행 등 민간금융에서 본다면 신용도가 낮거나 재무상태가 좋지 않은 기업들에게 대출을 빌려준다는 것은 연체나 채권불이행 등의 리스크를 떠안게 되는 것입니다. 하지만 정부기관은 직접대출 없이 보증서만 발행하면 되고, 은행은 기업의 채무불이행 리스크를 해소할 수 있으며, 기업은 정부기관의 보증서를 활용해 안정적인 자금조달이 가능하다는 장점을 가지고 있습니다. 중소기업을 지원하고자 하는 정부의 정책과 안정적인 이윤을 추구하는 은행의 목적, 조금 더 쉽게 자금조달을 하려는 기업의 필요성 등으로 직접대출보다 보증서를 통한 은행 대출 방식이 기업들로서는 좀 더 다가가기 쉬운 자금조달 방식이 될 수 있는 것입니다.

하지만 보증서 방식의 대출은 정부기관이 직접 대출을 제공하는 것이 아니라 민간금융에서 대출을 받도록 유도하기 때문에, 결국 민간금융(주로 은행)에서 부과한 이자를 부담해야 하고, 따라서 이자율이 상대적으로 중진공 등 정책자금의 직접대출 방식보다 높을 수밖에 없습니다.

융자 지원 보증기관으로는 신용보증기금, 기술보증기금, 한국무역보험공사, 농림수산업자신용보증기금 등이 있으니 기업들은 각 기관의 지원 대상, 조건, 이자율 등을 비교 분석하여 기업이 필요한 자금의 용도와 관련 업종 등 기업 상황에 맞는 기관을 선택하는 것이 중요할 것입니다.

<기술보증기금>

Kibo 기술보증기금

　기술보증기금(이하 기보)은 기술력을 갖춘 제조, IT, 연구개발, 기술서비스업종 등 제조업을 집중적으로 지원하는 기관입니다. 따라서 뒤에서 볼 신용보증기금(이하 신보)에 비해 상대적으로 업력이나 매출규모, 경영상의 지표를 중요하게 생각하지는 않습니다. 기술개발에 필요한 자금과 그런 취지의 자금이 필요한 기업을 대상으로 지원한다는 기관의 역할이 있기 때문에 1년 미만의 업력과 최근의 매출이 적다 하더라도 기술력을 입증할 수 있는 인증 또는 관련 특허와 지식재산권을 보유하고 있다면 1억 정도의 보증은 가능할 것입니다. 특별한 경우에 해당되겠지만, 매출이 전혀 없더라도 기술을 통한 미래 성장성과 대표이사가 보유한 기술 관련 전문경력이 우수하다면 최대 3억까지도 보증이 가능할 수도 있습니다.

　다만, 최근에는 기술이 전문화되어 사업성에 대한 평가도 어려울 뿐만 아니라 기술을 매개로 대출을 받고자 하는 기업들이 많아짐에 따라 장기간 매출이 없으면 보증서 발급을 거부하는 경우도 생겨나고 있습니다. 또한, 대출자금은 은행에서 지급이 되기 때문에 보증서를 발급받았다 하더라도 은행에서 다시 심사를 하는 경우도 있고, 보증서의 70~90% 수준으로 대출 금액을 제한하는 경우도 있기 때문에 은행에 사전에 문의해 보는 것도 기보 대출을 안정적으로 받을 수 있는 확실한 방법이 될 것입니다.

　기보는 사업성과 기술력, 즉 기업 핵심사업의 내면을 보기 때문에 대표자의 경력이 매우 중요하며, 특허에 대해서도 평가점수 비중이 높기 때문에 기보 대출을 염두에 두고 있는 기업이라면 특허 관련 인증도 사전에 반드시 확보하여야 합니다. 또한 기보는 정부의 가장 큰 관심사인 고용에 대한 관심도 높아서 보증서 발급심사 시 고용에 대한 조건이 붙기도 합니다. 보증 대출의 공통사항이지만 대표자의 신용점수도 매우 중요하므로 신용도도 적극적으로 관리해야 합니다.

기술보증기금은 과거 신용보증기금의 일부였다가 현재는 독립하여 별도로 운영되고 있기 때문에 기보와 신보는 상호보증을 하지 않습니다. 즉, 신보에서 대출을 받은 이후 기보 대출을 받으려면 신보 보증 금액을 제외한 나머지 금액, 또는 신보 보증 채무를 갚아야 기보에서 새로 보증서를 발급받을 수 있습니다.

기보에서 더 많은 자금을 받고자 한다면, 기업연구소 설립 인정, 특허 보유, 벤처기업 인증 등 가점을 받을 수 있는 인증 취득을 먼저 진행하는 것이 좋습니다. 이러한 인증은 기업이 기술력과 사업성을 갖추고 있다는 것을 입증하는 데 핵심 증거로 사용되므로 인증이 정책자금 지원을 받기 위한 사전 준비물이라는 것을 보여주는 좋은 예라고 할 수 있을 것입니다.

대상기업	신기술 사업을 영위하는 중소기업
대상업종	업종별 제한은 없으나 제조, IT, 연구개발, 기술서비스업종 등이 주로 해당
중점지원	벤처기업, 이노비즈 기업, R&D 성공 기업, 기술인증 확보 기업, 기술 관련 수상 기업
금액/기간	기술평가에 따라 상이 / 약 45일
절차	
비고	• 대출신청금액 의 약 85% 보증서 발급. 추가 15%는 기업신용대출로 진행. 회사 기술력 중시.벤처기업, 이노비즈 기업 우대 • 대표의 이력 중요(교수창업 등 선호), 연구소, 특허, 제조업, SW개발업 선호

절차 도표:
- 회원가입/상담신청: > 보증신청 내용 입력 > 정보동의 / 자료제출
- 상담신청: > 진행 여부, 서류 안내 > 기술력 사전점검
- 접수, 조사자료수집: > 자료수집, 서류제출 > 기술사업계획서 제출
- 보증심사: > 서류심사,현장평가 > 기술평가/보증심사
- 보증서 발급: > 보증료 납부 > 은행으로 보증서 전송

<신용보증기금>

KDIT 신용보증기금
KOREA CREDIT GUARANTEE FUND

　신용보증기금(이하 신보)은 특별한 기술력이 없는 기업들도 이용할 수 있는 자금조달 창구로 활용됩니다. 따라서 기술력을 가진 제조업 기업들보다 주로 도소매업, 건설업, 서비스업 등 매출액이 많은 기업들에게 유리합니다. 물론 제조업에 대한 보증서 발급이 불가능한 것은 아니나, 매출의 1/6 수준의 여신한도 안에서 대출 보증서를 발급해 주는 것이 일반적이기 때문에 제조업은 기술보증기금을 이용하는 것이 훨씬 유리하다고 할 수 있습니다.

　신보는 기업의 업력과 매출 등 재무제표를 중요하게 생각하므로 이미 부채가 많은 기업들을 포함하여 어떤 면에서는 까다롭다고 느낄 수 있습니다. 그럼에도 불구하고 기업들이 가장 많이 선호하는 자금조달 창구로 여기는 것은 기술을 가진 업종적인 한계나, 담보 제공의 부담감이 없기도 하고 '기술/벤처, 신용보증, 산업기반, 스타트업, 기업데이터베이스' 등 다양한 분야의 신용보증이 가능하기 때문입니다. 예를 들어 신보에는 특허를 대상으로 하여 보증서 발급이 가능한 지식재산 보증상품도 있는데, 만약 특허가 있다면 기보 대출을 먼저 시도해 보고 불가능할 경우 신보에 문의해 보는 것도 좋습니다.

　신보는 기술보증기금이나 신용보증재단에서 보증을 받았을 경우, 한도 내에서 재단 보증 금액을 제외하거나, 상환 조건으로 하여 보증서를 발급받을 수 있고, 필요 자금의 85% 수준에서 보증서로 발급해 주므로 자금 집행이 부족한 경우에는 은행의 신용대출을 별도로 이용해야 하는 경우도 발생됩니다. 따라서 기업들은 대출 및 보증 한도를 파악하여 최적의 자금조달 전략을 세우는 것이 필요할 것입니다.

대상기업	개인기업, 법인기업, 중소기업 협동조합(비영리 기업은 제외)
대상업종	업종별 제한 없이 보증 취급 가능(일부 업종 보증제한 있음)
중점지원	수출, 주력(자동차 등), 신성장동력(디지털, 그린 등), 일자리창출 기업 등
금액/기간	연매출의 1/4~6 내외 / 약 45일
절차	
비고	• 대출신청금액 약 85% 보증서 발급, 추가 15%는 기업신용대출로 진행 • 대표의 재산 및 신용 중요, 연매출 10억 이상 권고(최소 4억 이상) • 메인비즈 기업 우대, 업종 구분이 적음, 건설업종도 가능(종합건설 불가)

<신용보증재단>

KOREG 신용보증재단중앙회

신용보증재단중앙회와 각 지역별로 설치된 지역신용보증재단을 통해 기업의 자금을 지원하며, 통상 '재단'이라고 불립니다. 이 기관은 신용보증기금과는 다른 곳으로, 지방자치단체 예산으로 운영됩니다.

대출이나 보증 금액이 높지 않아 소상공인시장진흥공단과 비슷한 성격을 가지고 있지만 직접대출, 보증지원, 이차보전 사업을 동시에 진행합니다. 따라서 몇 천만 원 이하의 대출이 주로 이루어져 소상공인이나 자영업자들이 주로 이용하고, 정책자금 지원의 제한업종이 아니면서 업력이 짧아 매출액이 적은 사업장의 경우 임대보증금을 기준으로 보증 금액을 결정해 주기도 합니다. 직접대출뿐만 아니라 보증서를 발급해 주기도 하는데 그 지원받을 수 있는 금액이 확실히 적다 보니, 아주 소액을 급하게 처리해야 하는 경우나 기보나 신보가 불가능한 경우 가장 최후의 선택지가 되는 경우가 많습니다.

또한 이차보전 사업도 진행하는데, 이차보전이란 사업자의 이자부담을 해소하기 위해 이자비용의 1/3 정도를 지원하는 사업을 말합니다. 예를 들어, 2억 원의 신용대출을 일으켜 이자부담이 한 해 300만 원이라면, 이 중 100만 원을 지원해 주는 사업입니다. 이차보전 기업의 금융 비용을 절약하는 데 유용하게 활용할 수 있을 것입니다.

대상기업	중소기업, 소상공인(연매출 5억 미만 중심)
한도/기간	7천만 원 / 약 30일
절차	
비고	대출신청금액 약 85% 보증서 발급, 추가 15%는 기업신용대출로 진행, 대표의 신용도가 낮은 경우도 지원 가능
종류	• 스마트 혁신성장 소상공인 지원 특례보증(스마트기술 이용, 보유 등) • 영세 관광사업자 특별금융지원 협약보증 • 사회적 경제 기업 특례보증

Part 4

공공조달

1. 공공조달의 개념

    중소기업의 주요 이슈는 크게 '자금' 부문, '고용인력 확보' 부문, R&D 등 '기술개발' 부문과 수출·내수 등 '공급처 확보' 부문으로 나눌 수 있습니다. 과거에는 중소기업 경영 자체를 경영인의 역할로 보아왔기 때문에 자금이나 인력 부문의 중요성이 강조된 반면, 최근에는 적극적 컨설팅이 주를 이루면서 매출증대에 직접적인 영향을 미치는 판로 확보 부분의 중요성이 점점 더 강조되고 있습니다. 판로 확보 차원에서 가장 안정적인 공급망이 될 수 있으며 정책자금, 인증 등 국가가 마련하고 있는 제도 지원과 함께 고려되어야 하는 영역이 바로 '공공조달'입니다.

중소기업제품 구매 비율과 법정 공공구매 실적

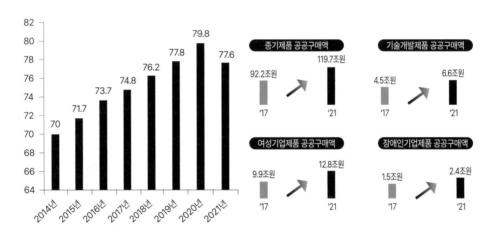

2. 공공조달시장의 이해와 참여

 '공공조달'이란 정부나 공공기관이 공공 서비스를 제공하기 위해 필요한 물품, 서비스, 건설 등을 구매하는 과정으로, 공공조달은 국민의 세금으로 운영되기 때문에 '투명성'과 '공정성'을 중요한 원칙으로 삼습니다. 이를 위해 대부분의 공공조달은 '공개입찰' 방식으로 이루어지게 되며, 입찰에 참가하고자 하는 중소기업은 공공조달에 필요한 인증이나 필요충분조건을 꼼꼼히 살펴 참여할 필요가 있습니다.

 이러한 공공조달은 중소기업에게는 매출증대의 큰 기회가 될 수 있는데, 국가 차원의 양극화 해소와 약자 보호 원칙에 의거 대기업보다는 중소기업, 그 중에서도 여성기업, 장애인기업, 사회적기업 등에게 공공조달 참여를 장려하고 있어, 해당 기업임을 증명할 수 있는 인증을 획득하면 입찰에서 가점을 받을 수 있다는 이점을 가지고 있습니다. 이런 제도적 지원 아래 우리나라 중소기업 중 여성기업의 대부분은 공공조달사업이 핵심 매출처가 되고 있습니다.

 공공조달은 국가계약법, 지방계약법, 조달사업법 등 법령의 근거에 따라 정부기관 중 조달청의 '나라장터' 시스템을 통해 운영되고 있으며, 정부(공공기관 포함)가 필요로 하는 물자(물품, 용역, 시설공사)를 '적기'에 '적정 품질'과 '합리적 가격'을 통해 공급하는 것을 목적으로 하고 있습니다. 따라서 공공조달은 정해진 프로세스를 따라 사업이 진행되는데, ①공공기관이 조달이 필요한 물품, 서비스, 공사 정의, ②해당 요구사항을 공개하여 입찰 공고, ③기업의 입찰 참여 의사표시 제안서 제출, ④공공기관의 입찰 평가 후 최종 계약 체결의 순서로 이루어지게 됩니다.

나라장터 웹페이지(https://www.g2b.go.kr/)

　공공조달 입찰에 성공하기 위해서는 '제안서 작성'과 '입찰 전략'이 중요한데, 입찰서 작성은 공공기관이 요구하는 사항을 충실히 반영한 구체적인 계획서 작성이 필요하며, 기술 능력, 가격 경쟁력, 프로젝트 관리 능력을 강조해야 합니다. 특히 입찰금액의 책정은 지나치게 낮은 가격으로 경쟁할 경우 이익이 남지 않거나 품질저하로 이어질 수 있기 때문에 적정 가격과 실현 가능한 서비스 수준을 엄밀히 살펴 제안하는 것이 핵심입니다.

3. 공공조달시장 참여 지원 프로그램

가. 조달시장 진입 지원

<입찰 참가자격 등록>

공공조달에 참여를 희망하는 기업들은 '입찰 참가자격 등록'이 필요합니다. 입찰자격을 등록함으로써 기업과 제품에 대한 신뢰성을 확보할 수 있을 뿐 아니라 중소기업 간 경쟁을 통해 사업의 투명성을 높이기 위해 「공공조달법」상 입찰자격을 반드시 등록하도록 규정하고 있습니다.

입찰 참가자격 등록 프로세스

1. 인증서 설치	2. 등록신청 및 증빙서류 제출	3. 검토 후 입찰참가자격 등록 승인

4. 인증서 정보 등록	5. 로그인 및 입찰 참가

1단계	(조달업체) 사업자용 범용 인증서(유료) 발급
2단계	(조달업체) 입찰참가자격 등록 신청 ▶ 나라장터(www.g2b.go.kr) 우측 상단 ⇒ 신규이용자 등록 ⇒ 조달업체이용자 　⇒ 입찰참가 자격 등록신청(해당항목 입력 후 '송신') 　⇒ 등록신청 관련 제출서류 온라인 제출
3단계	(조달청) 입찰참가자격 등록 승인 ▶ 관할 조달청(고객지원센터)에서 신청내용 확인 후 이상 없을 경우 승인
4단계	(조달업체) 인증서 등록 ▶ 나라장터 우측 상단 ⇒ 인증서 등록 ⇒ 조달업체이용자 ⇒ 인증서 관리 　⇒ 인증서 신규등록
5단계	로그인 후 입찰 참가

업무 절차를 살펴보면, 먼저 기업에서는 사업자용 공인인증서를 발급하여 '나라장터(www.g2b.go.kr)'에서 '신규이용자 등록' 후 입찰 참가자격 등록신청과 함께 필요 서류를 제출하는데, 이때 중소기업자가 생산, 제공하는 제품으로 판로 확대가 필요하다고 인정받은 '중소기업자 간 경쟁물품' 여부를 반드시 확인하는 것이 중요합니다. 이렇게 제출된 신청서는 조달청 고객지원센터에서 확인하여 이상이 없을 경우 승인하게 되며 입찰 신청 기업은 나라장터에서 승인 여부를 확인하고 조달업체로서 인증서를 등록하는 순서로 진행하면 됩니다.

<벤처나라 제도>

'벤처나라'란 다수공급자계약, 우수조달물품 등 일정 조건을 만족하기 어려운 창업벤처기업 제품을 선도적으로 구매하여 판로개척과 성장토대 구축을 지원하기 위한 전용 상품몰을 말합니다. 벤처나라 제품에 지정이 되면,

벤처나라 웹페이지(https://venture.g2b.go.kr/)

5년간(3년+2년 연장 1회) '바로주문', '견적주문' 등의 방법(추정가격 2천만원 이하)으로 공공기관에 납품하게 되니, 안정된 판로가 확보되는 만큼 매출증대에 절대적인 도움을 받을 수 있다는 장점을 가지고 있습니다. 특히 여성기업, 장애인기업, 사회적기업은 추정가격 5천만 원까지 허용되므로 이들 기업에게 유리한 제도라고 할 수 있습니다.

벤처나라 제품으로 지정되려면, 벤처기업 또는 7년 이내 창업기업이 직접 생산하거나 OEM(주문자생산) 방식으로 생산하는 물품 및 서비스여야 합니다. 벤처나라에 지정되면 벤처창업기업 제품 지정 증서와 인증마크, 온/오프 홍보 제공, 우수조달물품 지정 시 신인도 가점, 무담보 이행보증보험 우대 등의 혜택이 주어집니다.

<혁신제품 제도>

'혁신제품'이란 ①중앙행정기관에 의해 수행된 R&D 결과물, ②상용화 전시제품, ③기술인정 제품 중 혁신성이 인정되어 조달정책심의회에서 지정된 제품을 말합니다. 혁신제품은 「국가계약법」상 시행령 제26조에 따라 3년간 수의계약이 가능하고 「판로지원법」에 따라 우선구매가 가능하여 각 기관이 설정한 구매목표에 따라 구매할 수 있으며 구매자는 구매면책을 통해 보호받기 때문에 조달 제품으로서 선택받기가 용이하다는 장점을 가지고 있습니다.

혁신제품	> (우선구매) 판로지원법 제13조에 의한 우선 구매(공공기관 중소기업물품 구매액의 15% 이상인 제품) > (구매목표) 기관별 구매목표 설정 : '24년 중앙부처 1% 지자체 1.5% 공공기관 1.7% 지방공기업 1%

혁신제품 지정품목 세부내용

구분	상세항목
혁신성장지원 분야	① 미래자동차 ② 드론 ③ 에너지신산업 ④ 바이오헬스 ⑤ 스마트공장 ⑥ 스마트시티 ⑦ 스마트팜 ⑧ 핀테크 ⑨ 로봇 ⑩ 인공지능(AI) ⑪ 탄소중립
국민생활문제 분야	안전, 환경, 건강, 복지, 교육, 문화, 치안
정책지원 분야	① 수소 기술 ② 무탄소 전원 ③ 우주산업 ④ 자동화 항만·선박 시스템 ⑤ 저출산 대응

혁신제품 지정은 '혁신성장지원', '국민생활문제', '정책지원' 분야 중 하나에 해당되어야 하며 특허권리자, 시제품 및 제품의 실제 제조자이어야 합니다.

혁신제품에 대한 심사 및 선정 절차는 크게 '신청 단계, 심사 단계, 선정 단계'로 나뉘는데, 신청은 혁신기업이 조달청 공고 분야에 적합한 본인의 제품에 대하여 시제품 지정을 먼저 신청하는 '공급자 제안형'과 공공기관이 공공서비스 개선을 위한 혁신 수요로서 혁신제품을 탐색 및 추천하는 방식의 '수요자 제안형'으로 나뉘어 진행되며, 공공성 심사와 혁신성 심사를 거쳐 조달정책심의위원회 심의 의결로 지정됩니다.

혁신장터 쇼핑몰(https://ppi.g2b.go.kr/)

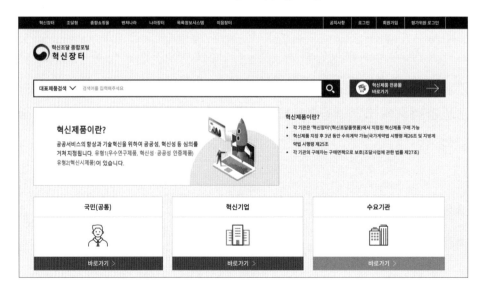

혁신제품으로 지정되면 '혁신장터'(혁신제품 전용몰) 등록 및 최대 6년(기본 3년, 연장 3년)간 수의계약이 가능하고 조달청 예산으로 시범구매 계약 체결 등 초기 판로 지원은 물론, 수출선도형 시범구매로 수출 지원과 함께, 조달청을 통한 마케팅 홍보를 지원받을 수도 있습니다.

나. 조달시장 성장 지원

<다수공급자계약 제도 ; MAS >

'다수공급자계약 제도'란 여러 수요기관이 필요로 하는 제품을 대상으로 품질, 성능, 효율 등이 동등하거나 유사한 종류의 제품에 대해 조달청이 단가계약을 체결하고 나라장터 종합쇼핑몰에 등록하여 수요기관이 자유롭게 선택, 구매할 수 있도록 하는 계약제도입니다. 여기서 나라장터 종합쇼핑몰은 공공기관이 공통, 반복적으로 구입하게 되는 물품의 거래 창구가 되는데, 등록 가능한 물품은 업계 공통으로 상용 규격(모델)이 있고 시험 기준이 존재하는 제품, 상용화되어 있고 경쟁성이 존재하는 물품(거래실적 3천만 원 이상 3개사)이어야만 합니다.

다수공급자계약 업무 프로세스

구매계획 수립	구매공고	적격성평가 자가심사	적격성평가	협상기준 가격 작성
시장조사 등을 통하여 계획수립	나라장터에 입찰공고	시장조사 등을 통하여 계획수립	가격기초자료제출 (계약부서)	가격자료를 토대로 작성

가격협상	계약체결	납품요구(2단계 경쟁)	대금지급
적격자와 가격 협상, 계약대상자 선정	나라장터를 통하여 전자계약	수요기관에서 쇼핑몰에서 직접요구	전자대금지급

다수공급자계약을 체결하는 절차는 구매입찰공고 확인 후 적격성평가를 거쳐 협상품목을 승인한 후, 가격협상 순으로 진행하며, 계약체결 후 상품정

보가 등록이 되면 별도의 입찰 절차 없이 수요기관의 납품 요구에 따라 제품 판매가 가능하여 기업의 입찰 관련 행정부담도 완화되는 효과를 가져올 수 있습니다. 또한 확실한 정부를 대상으로 판로를 확보하게 되니 기업신뢰도와 신용도 상승, 판로개척에 다수공급자계약 업체임을 마케팅에 적극적으로 활용 가능합니다.

<우수제품 지정 제도(우수조달물품 제도)>

　중소기업이 직접 제조한 기술력과 품질, 성능이 우수한 제품의 공공판로를 지원하고 기술개발을 견인하기 위해 만든 제도로서, 우수제품으로 지정이 되면 공공기관이 중소기업 물품 구매 한도 내에서 해당 제품을 우선 구매하게 되므로 판로 및 매출상승에 큰 도움이 됩니다.

　우수제품 지정 대상은 중소기업 및 초기 중견기업이 생산한 9개 분야 제품(전기전자, 정보통신, 기계장치, 건설환경, 화학섬유, 사무기기, 의료장비, 과학기기, 기타)과 소프트웨어를 대상으로 특별한 기술로 인정받은 물품으로, 신청 대상 물품은 NEP(신제품인증)·NET(신기술인증) 적용 제품, 특허 및 실용신안 적용 제품, 저작권 등록 GS(Good Software) 제품, 기술연구개발사업 성공제품, 혁신제품으로 3~7년 이내 인증 획득 및 품질소명자료를 제출(NEP 제품은 소명자료 생략 가능)하여야 합니다.

　우수제품으로 지정 기간은 지정일로부터 3년간(최대 3년 연장 가능) 국가계약법령에 따른 수의계약 대상으로 총액수의계약 또는 제3자 단가계약을 체결하여 수요기관에 공급할 수 있으며, 제3자 단가계약 체결 시 나라장터 종합쇼핑몰 내 '우수조달물품 인증몰'에 등록이 가능하며, 전시회 등 마케팅 및 홍보 지원, 보증기관과 은행의 보증·환율 우대 등의 혜택을 받을 수도 있습니다.

\<G-PASS기업(해외조달시장 진출 유망기업) 지정 제도\>

'G-PASS기업 지정 제도'란, 국내 정부조달을 통해 기술력과 신뢰성이 검증되고 수출경쟁력을 갖춘 기업을 '해외조달시장 진출 유망기업'으로 지정하여 지원하는 제도로, 국가종합조달 시스템에 경쟁입찰 참가자격을 등록한 중견·중소기업을 대상으로 운영하고 있습니다.

지정 절차는 '신청서 접수 → 신청 기업 현장실태조사 → 1차 심사 → 2차 심사' 순으로 진행되며 조달청 계약심사협의회에서 최종 심사하여 지정하게 됩니다. G-PASS 기업으로 지정되면 해외시장에 대한 수출경쟁력을 갖출 수 있도록 지정일로부터 5년간 해외 유망 전시회 참가, 시장개척단 파견, 바이어 초청 수출상담회 등 해외 마케팅과 해외조달시장 진출 지원 사업과, 국내 조달시장 우대, 수출 유관기관 협업 프로그램 등이 제공됩니다.

G-PASS 기업 지원 내용

구분	상세항목
해외 전시회	• 정부조달 전시회에 약 5~7개 기업이 단체로 참가하여 한국기업 홍보관을 구성하고 정부 차원의 우수 조달기업 해외 홍보 및 마케팅 지원 • 참가업체 부스 임차료 및 운송비 등 경비의 일부분을 사후 지원하며 통역 및 차량 임차 지원
정부조달 수출컨소시엄 파견	• 수출 유망지역으로 조달청과 우수 조달기업이 함께 정부조달 수출 컨소시엄을 구성하여, 우수 조달기업 해외조달시장 진출 및 수출협상 지원 • 현지 바이어 초청 상담회 개최, 해외 유관 조달기관 면담 등 우리 기업의 해외조달시장 진출방안 논의
개별 전시회 참가 지원	• 해외 마케팅 관련 재정지원책으로 G-PASS 기업 대상 개별 해외 전시회 참가경비 중 부스비 임차료 및 운송비 등 경비의 일부 지원
바이어 초청 국내 상담회	• KOPPEX 바이어 초청 상담회가 매년 정기적으로 개설되고 있으며, 비정기적으로 해외 주요 국가별 바이어 초청 상담 프로그램 진행
멘토링 등 교육 제공	• 해외조달시장에 기진출한 선배 기업과 초보 기업 간의 네트워크를 형성하여 현장에서 필요한 실무 조언을 들을 수 있도록 기업 간 멘토링 기회 제공 • 해외 주요 국가 조달시장 설명회 상시 개설로 국가별 조달시장의 특성 및 동향 파악 교육기회 제공
온라인 홍보	• 해외 수요기관 및 조달기관 관계자, 해외 바이어 대상 매월 G-PASS 기업 홍보웹진 발행 및 기업 홍보 • 글로벌코리아마켓(www.globalkoreamarket.go.kr)을 통해 G-PASS 기업 대표 제품을 상시 홍보하고 관심 바이어 정보 제공

다. 중소기업제품 지원

기업 경영과 관련한 상담을 하다 보면 의외로 매출을 높이기 위한 정부지원 내용에 대해 질문을 받는 경우가 많습니다. 정부의 정책지원들은 대부분 기업의 기술력을 높이기 위한 인프라 개선 등을 위한 자금과 인증 등의 '간접적인' 지원이 대부분이지 매출이나 수익을 높이는 '직접적인' 지원이 핵심은 아니기 때문에 매출 확대를 고민하는 중소기업 경영자가 이러한 질문을 하는 것은 어쩌면 당연한 일인지도 모릅니다.

앞에서도 보았듯이 거래처 확보나 매출에 직접적인 영향을 미칠 수 있는 한 가지 예외가 있는데 그것이 바로 중소기업이 국가나 지방자치단체 등을 거래 당사자로 매출과 수익을 높일 수 있는 공공조달사업 분야입니다. 기업 입장에서 정부나 공공기관 등이 매출 증대를 위한 큰 거래처나 수요자가 될 수 있다는 것을 의미하는데, 공공조달사업에서 정부는 특히 중소기업에 대한 특별한 우대 방안을 시행하고 있기 때문에 시장 확보나 매출을 걱정하는 중소기업으로서는 공공조달 분야에 참여하는 것을 적극적으로 검토하지 않을 수 없습니다. 어떤 중소기업은 일반 민간시장에서의 경쟁보다 기업과 제품에 부과하는 요건들을 충족시켜 공공조달시장에서만 주력으로 매출과 수익을 발생시키는 기업들도 있습니다.

그럼 공공조달시장은 왜 중소기업에게 다양한 우대지원책을 운영하고 있을까요? 공공조달시장에서 정부는 국내 중소기업의 육성과 활성화라는 정책 기본 목표를 달성하기 위해 중소기업의 참여를 촉진하고 중소기업제품의 판로 지원 및 중소기업의 경쟁력 향상을 위해「중소기업제품 구매촉진 및 판로지원에 관한 법률」에 따라 앞에서 살펴보았던 '나라장터'나 '나라장터 종합쇼핑몰', '벤처나라', '다수공급자계약'이나 '우수제품 지정 제도' 등 다양한 지원제도를 운영하며 대기업과 중견기업의 참여를 일정 부분 제한하고 있습니다. 중소기업 중에서도 특히 창업기업이나 여성기업, 장애인기업, 사회적기업 등에 더 많은 혜택을 부여하고 있는데, 중소기업의 활성화라는 정책적 취지와 함께 공익적 목적을 달성하기 위하여 상대적으로 취약한 중소기업들에게 공공조달시장 진입 자격조건을 완화해 주고 있는 것입니다. 이는 민주주의사회에서 정부의 존재가치인 사회적 평등과 약자 보호, 부의 분배 문제와 연결되어 있다고도 할 수 있는데, 이러한 특징들을 종합해 볼 때 중소기업 입장에서는 공공조달시장 진입을 반드시 고려해 봐야 한다고 생각합니다.

그럼 정부지원 프로그램의 기반이자 공공기관이 중소기업 제품을 의무 구매해야 하는 여러 제도의 총칭인 '공공구매제도'에 대해 살펴보도록 하겠습니다.

중소기업제품 공공구매제도 종류

01. 중소기업 간 경쟁 제도	02. 공사용 자재 직접(분리)구매 제도	03. 중소기업제품 구매목표비율 제도
04. 직접생산확인 제도	05. 계약이행능력 심사 제도	06. 중소기업 기술개발제품 우선구매 제도
07. 기술개발제품 성능인증 및 성능보험 제도	08. 공공구매론	09. 다수공급자 물품계약(MAS)
10. 소액수의계약 대상업체 조합 추천 제도	11. 중소기업자 우선조달 제도	12. 소기업제품 우선구매 제도

<중소기업제품 구매목표비율 제도>

'중소기업제품 구매목표비율 제도'는 공공기관이 연중 구매총액 중 일정 비율 이상을 중소기업 제품으로 구매하도록 의무화하는 제도입니다. 전국 모든 공공기관은 해당 연도 구매할 제품(물품, 공사, 용역) 총액의 50% 이상을 중소기업 제품으로 구매하여야 하고, 중소기업 물품 구매액의 15%는 기술개발제품으로 구매하여야 합니다. 또한 해당 연도 물품 및 용역 구매총액의 5%, 공사 구매총액의 3%를 여성기업 제품으로 구매하여야 하며, 총 구매액의 1%를 장애인기업 제품으로 구매하고 공공기관 구매총액의 8%를 창업기업 제품으로 구매하여야 합니다.

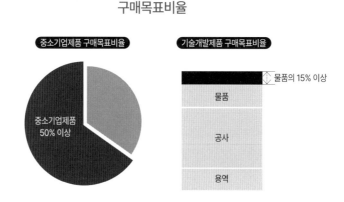

구매목표비율

<중소기업자 간 경쟁 제도>

'중소기업자 간 경쟁 제도'는 공공기관이 특정 제품 구매 시 중소기업자만을 대상으로 하는 제한경쟁 또는 중소기업자 중 지명경쟁입찰 방법에 따라 조달계약을 체결하도록 의무화하는 제도를 말합니다. 해당 제도를 적용받는 대상 기관은 국가기관, 지자체, 공공기관 등 총 3만 개에 달하며, 기술개발제품 우선구매 대상 기관은 공공기관 외 사립학교까지 확대되는데 이 중 2022년 기준 856개 최상위 공공기관은 구매실적을 점검받고 있습니다.

여기서 중소기업자 간 경쟁 제품은 국내에서 직접 생산·납품하는 중소기

업 20개 이상 또는 공공기관의 연간 구매수요가 20억 원 이상이거나, 세부
품명 기준 직접생산 중소기업 10개 이상, 구매실적 10억 원에 해당하는 경
우 경쟁제품으로 지정받을 수 있으며 현재 기준 지정·고시된 경쟁제품은 제
품명 기준 211개, 세부품명 기준 628개의 제품이 해당됩니다. 지정 기간은
3년입니다.

중소기업자 간 경쟁 제품 지정 절차

<계약이행능력 심사 제도>

중소기업자 간 경쟁입찰에서 최저가 낙찰을 배제하고 입찰 참여 중소기
업자의 계약이행능력을 심사하여 일정 수준 이상의 평점을 받은 우량업체를
낙찰자로 결정하는 제도를 말합니다. 이는 적정한 납품이행능력을 갖춘 중
소기업을 선별하고 품질관리 우수 및 정부정책 호응도가 높은 중소기업 등
에 대한 우대를 위한 제도입니다.

심사 적용 대상은 중소벤처기업부 장관이 고시한 중소기업자 간 경쟁 제
품 구매를 위한 제한경쟁, 지명경쟁 입찰자에 적용하고 최저가로 응찰한 순
위에 따라 심사를 실시하여 종합평점이 88점 이상인 자를 낙찰자로 결정하
게 됩니다. 즉, 최저가 낙찰을 배제하고 예정가격의 88% 이상을 보장하여
중소기업의 합리적 거래를 보장하고 있습니다.

심사는 납품이행능력, 입찰가격, 신인도 및 결격사유를 중점적으로 평가하는데 10억 원 미만의 경우는 가격과 납품이행능력을 70 : 30 비율로 평가하는 반면 10억 원 이상의 경우 가격과 납품이행능력을 55 : 45점으로 평가합니다.

계약이행능력 평가

납품이행능력		입찰가격	신인도	결격사유
총 45점 납품실적 5점 기술능력 10점 경영상태 20점	10억 원 이상	55점	품질관리 등 신뢰 정도, 계약이행 성실도 +3~2점	당해 물품 납품이행능력 결격 여부 -30점
경영상태 30점	10억 원 미만	70점		

<중소기업자 우선조달 제도>

'중소기업자 우선조달 제도'는 중소기업자 간 경쟁 제품이 아닌 일반 제품의 경우 공공기관에서 일정 금액 미만 조달구매 시 중소기업자 간 제한경쟁을 의무화하는 제도입니다. 추정가격 1억 원 미만인 물품 또는 용역을 조달하려는 경우 소기업 간 제한경쟁입찰에 따라 계약을 체결하여야 하며, 추정가격이 1억 원 이상이면서 2억 원 미만인 물품 또는 용역의 경우 중소기업 간 제한경쟁입찰에 따라 조달계약을 체결하여야 합니다.

국가계약법에 의한 입찰 계약 방식

경쟁 방식	**1. 일반경쟁** • 불특정 다수의 입찰 희망자들이 참여 • 입찰 방식의 기본원칙
	2. 제한경쟁 • 경쟁 참가자의 자격을 일정한 기준에 의하여 제한 • 소재지, 특정 설비, 기술, 재무상태 등 • 중소기업자 간 경쟁제품 제조·구매의 경우에는 중소기업자 • 고시금액(2.2억 원) 미만의 물품 제조, 구매, 용역의 경우에는 중소기업자
	3. 지명경쟁 • 특정 다수의 경쟁입찰 참가자를 지명 • 중소기업자 간 경쟁제품 제조·구매의 경우에는 중소기업자 • 특수 기술·실적, 1억 원 이하 물품 제조, KS표시품 등, 3억 원 이하 건설공사, 1억 원 이하 전문공사 등
비경쟁 방식	**1. 수의계약** • 경쟁입찰에 부치지 않고 특정 상대를 선정하여 계약 • 2천만 원 이하 물품·용역, 성능인증제품, 보훈복지 등

<중소기업 기술개발제품 우선구매 제도>

중소기업 기술개발제품의 판로를 지원하고 기술개발 이용을 고취시키기 위하여 중소기업자가 개발한 기술개발제품을 공공기관에서 우선적으로 구매토록 하는 제도입니다. 우선구매 대상 기술개발제품은 현재 13종이며 공공기관의 중소기업 기술개발제품 법정 의무구매비율은 중소기업으로부터 구매하는 물품 구매액의 15%로 지정되어 있습니다.

기술개발제품에 해당하는지의 여부는 획득한 인증에 따라 결정되기 때문에 해당 제도를 이용하고자 하는 기업은 기술 관련 인증 취득을 반드시 준비해야 합니다.

우선구매 대상 기술개발제품 목록 및 필요 인증

순번	연계유무	인증구분			관련부처	인증기관
1	Y	성능인증			중소벤처기업부	한국중소벤처기업유통원
2	N	우수조달물품지정			조달청	
3	N	NEP(신제품인증)			산업통상자원부	국가기술표준원
4	N	GS인증			과학기술정보통신부	한국산업기술시험원
	Y					한국정보통신기술협회
	N					부산IT융합부품연구소
	N				산업통상자원부	한국기계전기전자시험연구원(KTC)
	N					한국화학융합시험연구원(KTR)
5	N	NET(과학기술)			산업통상자원부	한국산업기술진흥협회
	N	NET(방재신기술)			행정안전부	한국방재협회
	N	NET(건설교통)			국토교통부	국토교통과학기술진흥원
	N	NET(환경)			환경부	한국환경산업기술원
	N	NET(보건의료신기술)			보건복지부	한국보건산업진흥원
	N	NET(농림식품)			농림축산식품부	농림식품기술기획평가원
	N	NET(해양수산)			해양수산부	해양수산과학기술진흥원
	N	NET(목재제품)			산림청	한국임업진흥원
	N	NET(농업기계)			농림축산식품부	농촌진흥청
	N	NET(재난안전)			행정안전부	한국방재협회
	Y	NET(물류)			국토교통부	국토교통과학기술진흥원
6	N	우수조달 공동상표			조달청	
7	N	물산업 우수제품 등 지정			환경부	한국상하수도협회
8	N	혁신제품	우수연구개발혁신제품		기획재정부, 조달청	
	N		혁신시제품		조달청	
	N		기타혁신제품		기획재정부, 조달청	
9	N	녹색기술제품			산업부	한국산업기술진흥원
10	N	산업융합 신제품 적합성인증			산업부	국가산업융합지원센터
11	N	산업융합품목			산업통상자원부	국가산업융합지원센터
12	Y	수요처지정형 기술개발제품	구매조건부신기술개발		중소벤처기업부	중소기업기술정보진흥원
	Y		민관공동투자기술개발			
	N		성과공유기술개발			대중소기업농어업협력재단
13	N	재난안전제품인증			행정안전부	

4. 공공조달사업 참여 시 검토, 고려사항

공공조달 입찰에 성공하기 위해서는 시장을 철저히 조사하고 분석하는 것이 중요합니다. 공공기관의 입찰공고를 주의 깊게 분석하고 기술력이나 자격 등의 요구사항과 시장 상황을 이해하고, 공공조달에 참여하는 경쟁 기업의 입찰가격, 품질, 기술력 등을 분석하여 나만의 차별화 전략을 수립해야 합니다.

공공조달에서 가격경쟁력이 중요한 요소이지만, 무조건 낮은 가격을 제시한다고 해서 성공하는 것은 아닙니다. 정책자금을 활용하여 기술력을 향상시키고, 이를 입찰제안서에서 효과적으로 강조하고 경쟁력 있는 가격을 제시하되, 사업 수행에 차질이 없도록 적정 가격을 산정하는 것도 반드시 필요합니다.

입찰 분야에서 제안서는 매우 중요한 역할을 합니다. 공공기관이 제안서를 통해 기업의 역량과 프로젝트 관리 능력을 평가하기 때문입니다. 입찰제안서는 기본적으로 다음과 같은 내용을 반드시 담아내고 있어야 합니다.

① 구체적인 실행 계획 : 제안서에는 프로젝트가 어떻게 실행될 것인지에 대한 구체적인 일정과 단계별 실행 계획을 포함해야 합니다.
② 기술적 우위 강조 : 공공기관이 필요로 하는 기술적 요구를 충족시킬 수 있는 구체적인 기술력을 상세히 기술해야 합니다.
③ 차별화된 경쟁력 : 경쟁 기업과 비교해 우리 기업만이 제공할 수 있는 차별화된 서비스를 명확히 설명하는 것이 필요합니다.

공공조달에서 성공하려면 장기적인 경쟁력을 유지하는 것이 중요한데 이는 단순 가격경쟁이 아닌, 경쟁사 대비 우위를 점할 수 있는 '기술력'과 공공기관과 신뢰를 쌓을 수 있는 '품질관리'와 이를 위한 지속적인 투자가 선행되어야 합니다. 이런 노력이 바탕이 되어야만 공공조달시장 진입을 통한 매출 확보는 물론 기업의 업력 관리 등 두 마리 토끼를 모두 잡을 수 있을 것입니다.

Part 5

기업인증

1. 인증제도의 개념과 필요성

　기업 컨설팅에 대하여 조금이라도 관심을 가진 분들이라면 '인증'이라는 말을 아주 많이 들어보셨을 겁니다. 기업 이름으로 대출을 받을 때나 세금을 덜 내고자 방법을 찾을 때, 심지어는 매출처를 늘리려고 상담을 받을 때에도 기업이 가지고 있는 인증에 대해 물어보곤 합니다.

　기업인증은 기업이 특정 기준에 대해 충족하는지를 평가하고 사회적으로 공인받는 과정을 말합니다. 이는 기업의 품질관리, 안전관리, 환경관리, 경영관리 등 다양한 분야에서 제시된 기준을 명확히 준수하고 있는지의 여부는 물론 인증서를 가지고 있는 자체가 좋은 기업과 나쁜 기업, 투자할 만한 기업과 그렇지 못한 기업으로 구분하는 척도가 되고 있는 것입니다.

기업인증의 목적

자금지원 ★★★★★
- 자금지원 한도를 더 많이
- 대출적용금리를 더 낮게
- 대출을 받을 수 있는 조건을 더 간편하게
- 서류심사를 더 편하게

세제혜택 ★★★★★
- 취득세 감면 혜택
- 세무조사 유예
- 인력확충 세제 지원 / 병역특례 지원
- 연구개발 관련 세금 지원(인력, 부동산, 비용 등)

기업 성장의 시그널 ★★★★★
- 홍보, 마케팅 비용 지원(방송, 온라인채널)
- 취업시장에서 기업 홍보자료로 활용
- 더 좋은 기업인증을 위한 필수 인증
- 기업 이미지 제고

정부사업 선정 우대 ★★★★★
- 조달청 등 용역사 선발 우대
- 정부 주관 R&D사업 선정 우대
  (글로벌강소기업, 스마트제조혁신, 해외인증사업 등)
- 특허출원 우선 심사

따라서 기업들을 기업인증을 통해 기업의 관리 및 성장능력을 증명하게 되고 고객 및 파트너로부터 객관적 신뢰성을 확보하여 경쟁력을 높일 수 있는 수단으로 작용합니다. 한마디로 말한다면 기업인증은 기업의 성장의 발자취를 기록하는 '이력서'라고 할 수 있을 것입니다.

정부지원자금 심사와 기업인증의 관계

기업 컨설팅의 영역은 크게 '기업인증'과 '정부지원자금'으로 구분할 수 있는데, 두 개의 축을 병원의 처방에 비유한다면 인증은 기업의 체질을 개선하는 '한의학적' 처방으로, 정부지원자금이나 대출은 아픈 곳을 바로 치료하는 '양의학적' 처방으로도 볼 수 있을 것이고, 대학입학시험에 비유한다면 매출, 종업원수, 재무제표, 신용점수 등은 대입시험의 결과물인 시험성적이 될 것이고, 기업인증이나 특허 등은 학생 생활의 과정으로서 태도와 성향 등의 판단 근거가 기재되어 있는 학생부 정도로 생각하면 될 것 같습니다.

실제로 무상지원금이나 정책자금대출의 판단 근거로 인증의 보유 여부를 확인하고 있으니 기업을 경영하기 위해서는 필요한 인증을 적시에 받아놓는 것이 기업의 체질 개선과 신뢰성 제고에 도움이 될 수 있을 것입니다.

2. 인증제도의 유형 및 분류

중소기업 인증제도의 유형을 분류하기에 앞서 용어에 대한 정리가 필요할 것 같습니다. 우리는 대부분 정부나 기관에서 어떤 자격을 갖추고 있느냐에 대한 평가결과를 보증하는 것을 '인증'이라 하고 형식승인, 검정, 지정, 허가 등의 다양한 용어로 부르곤 합니다. 하지만 정확히 말하면 '인증'과 '인정'으로 구분되어야 하고, 인증 내에서도 성격에 따라 몇 가지로 구분될 수 있습니다.

먼저 '인증'은 어떠한 문서나 행위가 정당한 절차로 이루어졌다는 것을 공적기관이 증명하는 것으로 '법정인증제도'와 '민간인증제도'로 구분됩니다. 반면, '인정'은 국가나 지방자치단체가 평가 없이 어떤 사실의 존재 여부나 옳고 그름을 판단하여 결정하는 행위를 말하는데, 기업부설연구소, 병역특례지정업체, 여성기업, 사회적기업 등에 대한 인정이 대표적이라 할 수 있습니다. 또한 인증의 유형에 따라 분류가 가능한데, 인증은 기업 자체에 대한 인증과, 기업이 보유하고 있는 시스템과 인프라에 대한 인증, 제품 및 기술에 대한 인증으로 나눌 수 있고 나머지를 인정제도로 구분할 수도 있습니다.

인증 및 인정 제도의 유형 분류

기업인증	• 벤처기업, 이노비즈, 메인비즈, 그린비즈 등
시스템인증	• 국내 : KS인증, PMS 등 • 해외 : ISO9001, 14001, 45001, 22000, 22716, 37001, 37301, 27001 등
제품인증	• 국내 : KC인증(국가통합인증마크) • 해외 : CE, UL, FCC, FDA, PS, CCC 등
기술인증	• NEP(신제품), NET(신기술), 녹색기술, 조달우수제품, 성능인증 등
기타 (인정제도)	• 기업부설연구소, 병역특례지정, 여성기업, 장애인기업 등 • 사회적기업, 청년 친화 강소기업, 인재육성형 중소기업 등 • 부품소재전문기업, 뿌리기업 등

기업인증을 기업 성장을 기록하는 이력서라고 표현했듯이, 기업은 업종에 따라 필요한 최소한의 인증을 적기에 받아놓는 것이 중요합니다. 인증의 중요성이 높아지고 기업 환경이 변화됨에 따라 기업들이 준비해야 하는 인증도 늘어날 뿐만 아니라, 글로벌 스탠더드의 영향으로 기준점 역시 과거에 비해 높아지고 있기 때문입니다. 과거에는 생각하지 않았던 탄소중립과 같은 환경영향 관련 인증이나 AI나 데이터의 중요성이 부각됨에 따른 신기술 관련 인증 등은 기업이 성장 단계별로 반드시 인증을 준비해야 하는 중요성은 물론 기업 경영활동을 위해 준비해야 할 인증이 다양화되고 있다는 것을 설명하는 좋은 예시일 것입니다.

성장단계별 필요한 필수 인증과 인정

창업, R&D, 바우처

- 창업진흥원-창업패키지
- 기정원-R&D기술개발지원
- 중진공-제조/
  탄소바우처 등

공공조달시장(B2G)

- 나라,교육,혁신장터,
  벤처나라 등
- 공공구매제도
  (중소기업 50% 구매)
  활용
- 직접생산확인/
  중기 간 경쟁제품 등

녹색기술

- 녹색기술/제품/기업/
  사업
- 녹색산업 융자,
  판로·마케팅
- 지자체별 자체 지원 등

월드클래스300

- 매출 400억~1조/
  수출20%↑ 등
  중기전용 R&D 자금
- 해외마케팅 등

위험성평가/중대재해지원

- 위험성평가 실사 기업
  대상
- 기간 중 안전·보건감독
  유예
- 클린사업자 보조 추가
  지원

조달우수제품

- 중기생산우수제품
  (NEP 등)
- 수의, 제3자단가,
  증액계약
- 조달물품 홍보,
  판로 지원

글로벌강소기업

- 매출 100~1000억,
  수출10%↑ 중기전용
  R&D 자금
- 해외마케팅 지원 등

산업재산권

- 특허, 실용신안, 디자인,
  상표
- 지원사업 및 인증 필수,
  가점
- IP금융 대출 지원

이노비즈

- 3년↑, 연구소,
  특허기술 등
- 지원사업 필수/가점
- 인력/판로/자금혜택

지적재산권

- 산업재산권 평가
- 우선심사, 등록료 감면
- 정책자금 융자한도
  증액 등

디자인전문회사

- 디자인 분야
- 정부지원사업 필수/
  가점
- 연구/인력개발비
  세액공제

벤처기업 확인

- 투자/연구개발/혁신
  성장
- 정부지원사업 필수/
  가점
- 법인(소득)세 50%
  감면

메인비즈

- 3년↑, 경영혁신 수행
- 정부지원사업 필수/
  가점
- 인력/판로/자금혜택

클린사업장

- 50인↓ 자금지원
  사업장
- 최대 2천+융자
- 10년 경과 후 재신청

문체부창작연구소

- 문화콘텐츠 관련
- 문체부 지원사업
  필수/가점
- 연구/인력개발비
  세액공제

수출유망중소기업

- 중소기업 수출
  500만 불↓
- 수출지원
  (정보제공, 박람회)
- 수출금융,
  환거래 우대

ISO

- 9001(품질),
  14001(환경)
- 45001(안전보건)
- 정부지원(공정심사)
  우대

위험성평가/중대재해지원

- 위험성평가 실사기업
  대상
- 기간 중 안전·보건감독
  유예
- 클린사업장 1천 추가지
  원

과기부 기업부설연구소

- 과학기술/지식서비스
- 정부지원사업 필수/
  가점
- 연구/인력개발비
  세액공제

직무발명보상 우수기업

- 규정보유/
  2년 이내 보장
- 정부지원사업 가점
- 신재권 우선심사/
  등록비 감면

인재육성형 기업

- 대표 의지,
  성과 유공 등
- 인재육성형 전용자금
- 중진공 대출,
  R&D 가점

5대 기업인증 요약

구분	기업연구소 (연구전담부서)	벤처기업	메인비즈 (경영)	이노비즈 (기술)	ISO
신청 자격	일부 업종을 제외한 서비스, 제조, 기타업종 가능	창업 초기 (3년 이내) 혜택 많음	업력 3년 이상 중소기업	업력 3년 이상 중소기업	업력·업종 상관 없음
대상	전반적인 기술개발 활동 또는 연구인력을 충족한 기업	신기술, 아이디어 개발로 사업에 도전하는 기술집약 기업	서비스·컨설팅· 건설·프랜차이즈 등 경영능력이 중요한 기업	특허, 실용신안 등 신기술·신제품 기업(연구소, ISO 필수)	기업 조직문화에 대한 경영시스템 구축 필요 기업 (품질 등)
제외	제외 대상 없음	숙박요식업, 부동산임대업, 오락문화업, 기타서비스업	사행성·불건전 소비업종	숙박요식업, 부동산임대업, 오락문화업, 기타서비스업	제외 대상 없음
요건	• 인적-5명(3명) ↑ -연구소 • 1명 ↑ -연구전담 • 물적-독립공간 또는 파티션	• 벤처투자, 연구개발투자업 • 혁신성장, 예비벤처기업	• 자가진단 600점 이상 • 경영혁신시스템 700점 ↑ • 생산성경영평가 PM3급 ↑	• 자가진단 650점 이상 • 기술혁신시스템 700점 ↑ • 개별기술평가 B등급 ↑	ISO 요구 적합 매뉴얼 구축, 3자 인증 심사/ 심의 합격
주요 혜택	• 연구, 인력개발비 25% 세액공제 (소득세/법인세) • 기술이전 취득 및 대여 과세특례 (소득분 50% / 취득 대여 7% 공제) • 연구소 부동산 지방세 감면 • R&D 세액공제 (창작연, 디자인전문, 직무발명보상)	〈업력 3년 이내〉 • 50% 감면- 법인/소득(4년), 사업용 재산세 (5년) • 75% 감면-취득/ 등록면허세(4년) • 특허 우선심사 • TV·라디오 광고 (70%, 감면) • 전기요금 할인 • 벤처투자 소득공제	• 신보-보증료 감면, 85% 보증 • 서울보증- 신용관리 컨설팅 • NH-대출금리 1.0% 우대 • IBK-평가수수료, 보증료 일부 지원 • 중진공-기술개발사업화자금 지원 우대 • TV·라디오 광고 (70%), 방송용 광고제작비 (50%)	• 시중은행 자금 금리우대 • 기보-보증료 감면 (0.2%=벤처), 특례 보증 • 특허출원 우선심사(=벤처) • 조달품 구매 적격심사 가점 • 중소기업 기술개발제품 우선구매 • TV·라디오 광고 (70%, 감면) • 수도권 부동산 중과세 면제	• 조달, 지자체 입찰평가 우대 • 제품 서비스 신뢰 확보 • 벤처/이노비즈 평가 우대 • 공기관, 대기업 협력 시 우대 • ESG 경영평가 지표 활용- 14001/45001/3 7001 등

가. 5대 기업인증

<기업부설연구소/연구전담부서>

　기업부설연구소 및 연구전담부서 설립신고 제도는 일정 요건을 갖춘 기업의 연구개발 전담조직을 신고, 인정함으로써 기업 내 독립된 연구조직을 육성하고 법적 근거에 의해 인정받은 연구소/전담부서에 대해서는 연구개발활동에 따른 지원혜택을 부여하여 기업의 연구개발을 촉진하는 제도로, 사단법인 한국산업기술진흥협회(www.rnd.or.kr)에서 정부 업무를 위탁받아 연구소/전담부서 신고의 수리 및 인정 업무를 처리하고 있습니다.

　연구소의 신고는 과학기술 분야 또는 서비스 분야 연구개발활동을 수행하는 기업(개인기업 포함)으로 비영리기관 및 의료법에 의한 의료법인 등은 신고 대상에서 제외되며, 연구소/전담부서는 기본적으로 '선 설립, 후 신고' 체계이므로 이를 신고하고자 하는 기업은 신고 인정 요건을 갖춘 후 온라인 시스템으로 신고하면 됩니다.

　인정을 위한 인적 요건은 기업의 규모, 성격에 따라 다른데 벤처기업은 연구전담요원 2명 이상, 소기업은 3명(창업일로부터 3년까지는 2명 이상), 중기업은 5명을 보유해야 하고, 연구전담부서만을 설립하는 경우 기업규모와 상관없이 1명의 연구전담요원을 보유하면 됩니다. 그리고 연구전담요원으로 인정받기 위해서는 전공분야, 학위, 자격증 등의

별도 요건이 있으니 반드시 업종에 따라 해당 조건에 부합하는지 확인해야 합니다.

한국산업기술진흥협회 신고 홈페이지(https://www.rnd.or.kr)

또한 연구소/연구전담부서는 물적 요건으로서 연구개발을 수행해 나가는 데 있어서 필수적인 독립된 연구공간과 연구시설을 보유하고 있어야 하는데, 사방이 밀폐된 공간 또는 경우에 따라서는 파티션으로 구분된 공간을 갖추어야 하니 도면을 통해 해당 공간의 위치와 출입문의 표시, 경영과 분리된 연구개발 일지 등을 철저히 준비하여야 합니다.

최근 기업부설연구소에 대한 사후관리가 강화됨에 따라, 많은 기업 대표자들이 연구소/연구전담부서를 설립하고 연구개발비 및 연구개발 설비투자 세액공제, 연구개발 목적 부동산에 대한 지방세 면제 등의 혜택을 받은 후 소홀한 관리로 인해 연구소 설립 자체가 취소되는 경우가 증가하고 있습니다. 만일 연구소 설립을 통해 연구 및 인력개발비를 지원받았을 경우 연구원의 이직 및 직원 현황이 바뀌면 이 사실을 신고해야 하며 대표자와 상호가 변경되는 경우 업종, 매출액, 자본금, 연구분야, 기업부설연구소의 공간 면적 등에 변경사항이 있다면 반드시 신고해야 합니다.

따라서 관련 규정과 법령을 꼼꼼히 파악하는 것이 바람직하며 사후관리에 따른 문제가 발생하지 않도록 대표님의 사후관리와 필요 시 전문가의 도움을 받는 것이 좋습니다.

정의	연구개발 활동을 촉진하기 위해 인적·물적 요건을 갖춘 후 신고하여 인정된 연구소 ※ 인적 요건 - 소기업 : 연구전담요원 3명 이상(벤처기업, 창업 3년 이내 기업 2명 이상) - 연구개발전담부서 : 연구전담요원 1명 이상(기업규모와 관계없이 동등 적용) ※ 물적 요건 - 파티션으로 책상 구분해도 인정
주요대상	업종 무관
주요혜택	① 자금조달 우대(기업의 기술력 입증 도구로 활용) ② 연구원들 연봉 합계의 25%를 법인세에서 공제
소요기간	약 30일
유효기간	3년
연구원 자격	자연계열 4년(학사), 전문대 2년+경력 2년, 마이스터고·특성화고+경력 4년 ※ 산업디자인, 서비스 분야는 자연계 전공 아니어도 가능
절차	**신고서 작성/제출** > 신고시스템 기업정보 입력 > 연구개발활용 개요서 > 연구개발인력/시설 > 구비서류, 설립신고서 제출 **접수 및 검토** > 서류제출 순 담당자 접수 > 신고서 제출 후 10일 이내 **인정** > 인정 출력 > 검토 후 14일 이내
비고	•창업 3년 이내에는 대표자가 연구원으로 들어갈 수 있음 (단, 대표자 제외 최소 직원 2인 이상 있어야 함)

<벤처기업>

벤처기업 인증을 알아보기에 앞서 벤처기업의 개념에 대해 먼저 살펴보도록 하겠습니다. '벤처기업'이란 일반적인 의미로 첨단의 신기술과 아이디어를 개발하여 사업에 도전하는 '기술집약형' 중소기업을 의미하는데, 우리나라에서는 「벤처기업육성에 관한 특별법」에서 정한 요건의 기업들을 '벤처기업'으로 정의하고 있으며 '벤처투자유형, 연구개발유형, 혁신성장유형'으로 구분하고 있습니다.

「벤처기업육성에 관한 특별법」에 규정된 일정 요건을 갖추고 기술의 혁신성과 사업의 성장성이 우수한 기업을 벤처기업으로 발굴하고 지원해 주는 제도로 운영되는 '벤처기업 인증'은 벤처기업 신청 접수 후 3단계 검토(①전문평가기관(서류검토/현장실제조사) → ②위원회 사전검토 → ③위원회 최종심의·의결)를 통해 평가의 공정성·효율성을 확보하고 있으며 해당 업무는 '벤처확인종합관리시스템(https://www.smes.go.kr/venturein)'에서 처리 및 확인 가능합니다.

벤처 확인 유형별 전문성을 갖춘 전문평가기관은 ①벤처기업확인 신청 기업의 서류검토 및 현장실제조사 ②신청 기업의 기술 혁신성 및 사업 성장성 평가 등의 업무를 수행하며 벤처 유형에 따라 인증심사를 맡아 서류심사 및 기업 현장 실사 업무를 담당합니다.

벤처확인종합관리시스템(https://www.smes.go.kr/venturein)

기업에게 있어 벤처기업 인증이 중요한 이유는 세제지원 등 정부지원사업의 거의 모든 혜택을 받을 수 있다는 것인데, 기업 경영상 세제혜택으로서 법인세·취득세 감면, 재산세 면제 등의 장점이 있고, 금융혜택으로서 기술보증기금 보증한도 확대, 코스닥 상장 심사 우대, 사옥 및 공장부지 매입에 있어서는 취득세·재산세 감면과 기업부설연구소 인정기준 완화 등을 들 수 있습니다. 이 밖에도 벤처기업우대지원제도 및 가점이 가능한 사업에 대하여 가이드북도 정부기관에서 별도 제공하고 있으니 참조해 보시는 것을 추천합니다.

벤처인증을 원하는 기업이 받는 가장 큰 혜택은 아마도 세제혜택일 것입니다. 하지만 세제혜택을 받기 위해서는 창업 후 3년 이내에 벤처인증을 받아야 합니다. 따라서 3년 기한을 두세 달 남겨두고 인증을 원하는 경우도 심심치 않게 볼 수 있는데, 이 경우 연구소와 특허가 없다면 '투자형'을 제외하고 인증을 받기 쉽지 않다는 것을 알고 미리 준비해야 할 것입니다. 특히 연구소, 특허가 없는 기업의 벤처인증은 최소 1년 전부터 준비를 해야 합니다. 그 이유는 직전 4개 분기 연구개발비 5천만 원을 사용해야 한다는 연구개발비 조건 때문인데, 1년에 5천만 원을 사용한 경상개발비 증빙을 위해서는 1년이라는 물리적 시간이 필요하다는 의미입니다.

다음으로는 벤처인증의 유형별 특징을 살펴보겠습니다. 일반적으로 명확한 기술과 관련 인증 및 특허가 있는 제조업의 경우에는 '연구개발유형'을, 서비스업 및 재무제표 중심의 비제조업은 '혁신성장유형'을 선택하는데, 투자에 대한 확실한 기준을 가지고 있거나 빠른 벤처인증을 필요로 하는 경우 '벤처투자유형'도 고려해 볼 만합니다.

벤처 유형별 비율

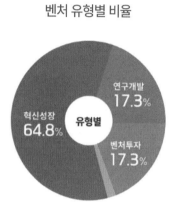

'연구개발유형'의 기준요건을 보면, 중소기업으로서 기업부설연구소(또는 유사 연구소 및 전담부서)를 보유하고 직전 4개 분기 연구개발비 총액 5천만 원 이상 사용되어야 하고, 총 매출액 중 연구개발비의 비율이 5%(3년 미만 기업은 미적용) 이상인지를 검토하게 되며, '혁신성장유형'의 경우 중소기업으로서 기술의 혁신성과 사업의 성장성을 증명할 수 있으면 신청이 가능합니다. '혁신성장유형'의 경우 확실한 기술에 대한 증명이 없기 때문에 사업계획서 작성이 무엇보다 중요하며, 필요에 따라 적절한 지식재산권을 보유한다면 평가에 유리하게 작용할 수 있습니다. '벤처투자유형'은 적격 투자기관으로부터 5천만 원 이상 투자유치를 해야 하고 자본금 중 투자금액 합계가 10% 이상이어야 합니다.

그리고 벤처 유형 중 가장 많은 기업들이 관심을 보이는 혁신성장형의 경우 기술의 혁신성과 사업의 성장성으로 벤처기업 여부를 판단하는데, 기술의 혁신성을 판단하는 핵심 기준은 바로 '특허'입니다. 따라서 특허가 없다면 특허를 만들어야 하지만 기본적으로 특허는 우선심사를 받더라도 보통 6개월 이상 걸리고, 일반심사는 대부분 1년이 넘어서 나온다는 시간적 걸림돌이 있음을 알아야 합니다. 또한 2024년부터는 특허 자체의 보유 여부가 아니라 특허 내용에서의 차별성 등을 세밀하게 심사하기 때문에 기존에 특허를 가지고 있더라도 차별성이 없다면 선정되지 않을 가능성도 있습니다. 이러한 점을 볼 때 세제혜택 등 많은 지원사업을 목표로 3년 이내에 벤처인증을 받고자 한다면, 창업 후 우선 기업부설연구소를 먼저 설립하고, 특허를 만든 후에 벤처인증을 받는 것이 가장 이상적인 형태일 것입니다.

벤처 유형별 평가기관

유형	전문평가기관
벤처투자유형	한국벤처캐피탈협회
연구개발유형	신용보증기금, 중소벤처기업진흥공단
혁신성장유형	기술보증기금, 나이스평가정보㈜, 연구개발특구진흥재단, 한국과학기술정보연구원, 한국농업기술진흥원, 한국발명진흥회, 한국생명공학연구원, 한국생산기술연구원, 한국평가데이터㈜

벤처기업 인증 획득을 위해서는 기업에 맞는 벤처 유형 선택과 사전준비 여부가 매우 중요하고 벤처기업 인증 후 주어지는 혜택의 조건이 기업에 부합하는지 여부를 살피는 것이 중요하므로, 기업이 벤처기업 인증 신청 전 전문가와 전략을 세워 하나 하나씩 준비해 나가는 것이 필요할 것입니다.

정의	신기술과 아이디어를 바탕으로 사업에 도전하는 기술집약형 중소기업을 의미
주요대상	제조업, IT업(기타 업종도 가능/단, 진행절차 다소 상이)
주요혜택	① 자금조달 우대(벤처기업법 제5조) ② 5년간 법인세 50% 감면 (창업 3년 이내 벤처 확인 시) ③ 사업용 부동산 취득세 75% 감면　④ 기술보증기금 보증한도 확대, 우선 신용보증　⑤ 특허, 실용신안, 디자인등록, 출원 시 우선심사
소요기간	약 45~60일
유효기간	3년
절차	**기업신청** > 벤처 확인 종합관리시스템　　**접수/납부** > 유형별 접수비 납부 > 신청 후 7일　　**평가** > 기술혁신성, 사업성장성 평가 > 접수 후 28일 내외　　**평가결과 심의** > 평가 후 14일 내외　　**발급**
벤처유형	• 연구개발유형 : 연구소/전담부서 중 1개 이상 보유 + 직전 4개 분기 연구개발비 5천만 원 이상 + 총매출액에서 연구개발비가 5% 이상(3년 미만은 미적용) • 혁신성장유형 : 확인 기관으로부터 기술혁신성과 사업성장성이 우수한 것으로 평가받은 기업 • 벤처투자유형 : 적격 투자기관으로부터 5천만 원 이상 투자유치, 자본금 중 투자금액 합계가 10% 이상

<이노비즈>

'이노비즈'는 'Innovation(혁신)'과 'Business(기업)'의 합성어로 기술 우위를 바탕으로 경쟁력을 확보한 '기술혁신형 중소기업'을 지칭하는 말로, 연구개발을 통한 기술경쟁력 및 내실을 기준으로 선정하기에 과거의 실적보다는 미래의 성장성을 중요시한다는 특징을 가지고 있는 기업인증이라고 할 수 있습니다.

중소기업의 기술혁신은 국가경쟁력의 핵심요소로, 기술혁신형 중소기업 발굴을 통한 중소기업의 혁신 선도 역할 및 '창업기업 → 이노비즈기업 → 중견기업'으로 성장시키기 위한 가교 역할로서 이노비즈 인증은 큰 역할을 수행하고 있습니다. 실제로 소재·부품·장비 강소기업 중 95%, 세계일류 생산 기업으로 평가받은 기업의 63%는 이노비즈 인증을 획득하고 있으니, 기술 혁신형 기업으로서 성장하려는 기업들에게 이노비즈 인증은 필수라고 해도 무방할 듯합니다.

중소벤처기업부 이노비즈 인증 화면(https://www.innobiz.net)

정부정책지원의 기본 취지가 기업의 기술개발 지원을 통한 수출증대인 만큼 이노비즈 인증 취득 기업은 많은 혜택과 지원을 받을 수 있습니다. 먼저 이노비즈 인증을 받고 나면 이노비즈기업 수도권 취득세 중과 면제, 정기 세무조사 유예(수도권 2년, 지방 3년) 등의 세제혜택과 창업성장기술개발사업, 해외/인증규격 적합제품 기술개발사업

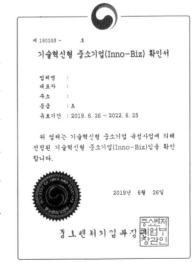

등 R&D 분야의 지원사업 신청 가점 부여 등 선정 시 우대를 받을 수 있습니다.

또한 병역자원의 일부를 인력으로 지원하는 산업기능요원제도(제조·생산분야), 전문연구요원제도(연구·학문분야) 등의 인력 지원뿐만 아니라 글로벌강소기업 육성사업 참여 등 R&D 사업분야 지원과 기술개발제품 우선구매, 공공조달사업, 중소벤처기업진흥공단 수출바우처 사업 참여 우대 등 정부지원정책의 대부분의 혜택도 기대할 수 있습니다. 기타 자세한 사항은 중소벤처기업부에서 공시하는 '이노비즈기업 우대지원제도'를 반드시 확인하는 것이 좋습니다.

이노비즈 인증 신청 업무 프로세스

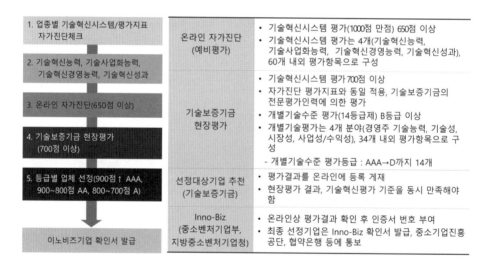

기술보증기금 기술사업계획서

기술보증기금 기술사업계획서

1. 기술사업 개요

기술(사업)명								개발방법	□단독 □공동
개발(예정)기간	년 월 ~ 년 월		개발소요자금		백만원	제품화여부			□여 □부
권리구분	□특허권 □실용신안권 □디자인 □프로그램저작권 □기타 ( )			제품화단계	□양산(시장판매.사업화포함)단계 □양산(시장판매.사업화포함)준비단계 □제품화(상품화) □시제품(연구개...)				
권리상태	□출원중 □등록								
등록(출원)번호									
권리자	성명		법인등록번호 (생년월일)				관계		
			법인등록번호 (생년월일)				관계		
기술개발 및 관련실적 (3년 이내)	□ 기술상용화 실적 (3)건 □ 수상실적 (1)건					□ 기술개발실... (2)건 □ 인증실적			

특허 등 보유?

특허 등 보유?

연구소 등 보유?

지식재산권은?

개발과제 및 내용	개발기간	개발비용	매출규모	취득권리/인증	비고 (개발자 등)
YY 기술개발	2010.6-2010.12	100	560	특허등록	김 ○
OO 기술개발	2008.4-2009.3	200	900	특허출원	이 ○
XX 기술개발	2010.7 - 진행중	150		특허출원	최 OO

지식재산권 현황	특허		실용신안	
	□ 등록 (3)건	□ 출원 (3)건	□ 등록 (2)건	□ 출원 (2)건
	□ 디자인등록 (2)건		□ 프로그램등록 (2)건	
	□ 상표권등록 (2)건		□ 기타 ( ) ( )건	

 이노비즈 신청은 업력 3년 이상 중소기업으로 제한되고 먼저 기술혁신평가 자가진단에서 650점 이상의 점수를 받아야 합니다. 그리고 자가진단과 동일한 항목으로 이후 진행되는 기술보증기금 전문인력의 현장평가에서 기술혁신시스템 평가는 700점 이상, 개별기술수준 평가는 AAA등급에서 D등급까지 총 14개 등급에서 B등급 이상이어야 하는데, 개별기술수준 평가는 경영주 기술능력, 기술성, 시장성, 사업성 및 수익성 등 4개 분야 34개 항목을 종합적으로 평가하게 됩니다.

 실제로 이노비즈 인증 신청을 위해서는 기술력 입증이 무엇보다 중요하기 때문에 특허, 기업연구소는 필수이며 ISO 인증 획득 및 10억 이상 매출, 10인 이상의 고용 유지도 절대적으로 유리하니 이노비즈의 기술사업계획서를 확인하여 인증 신청에 필요한 사항을 미리 준비해야 할 것입니다.

정의	중소벤처기업부로부터 기술혁신형 중소기업(Innovation+Business)으로 인증받은 기업
주요대상	업력 3년 이상(포괄 양수 전환 시 개인사업자 이력 포함)
주요혜택	①자금조달 우대(기술력 입증 도구로 활용) ②기보 보증료율 0.4%p 차감(2년간) / 보증한도 확대 ③정기 세무조사 유예(수도권 2년간, 지방 3년간) ④R&D 사업 가점 ⑤병역특례, 조달청 가점 ⑥수도권 취득세 중과세 면제
소요기간	약 60일
유효기간	3년
참고	기술력 입증 필요 : 특허, 연구소, ISO 보유 유리 / 매출 10억, 직원 10명 권고

<메인비즈>

'메인비즈'란 경영혁신활동을 통해 경쟁력 확보가 가능하거나 미래 성장 가능성이 있는 중소기업 육성을 목표로, 최근 3년 이내 경영혁신활동을 통한 혁신 성과를 얻고 있는 중소기업에게 부여한 우수한 '경영혁신 중소기업 (MAnagement INnovation Business)'으로 인증하는 제도입니다. 중소벤처기업부에서 총괄하고 사단법인 한국경영혁신 중소기업협회에서 업무를 위탁받아 관리하고 있으며, 신용보증기금, 기술보증기금, 한국생산성본부 등의 기관에서 인증을 위한 기업평가와 심사를 담당하고 있습니다.

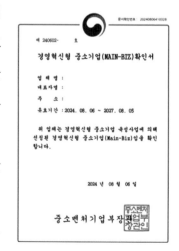

메인비즈 인증은 크게 '신청 단계 → 평가 단계 → 발급 단계'의 3단계로 이루어지는데, 신청 가능 기업은 「중소기업기본법」에 의한 업력 3년

이상 기업으로서 온라인 경영혁신시스템 자가진단 600점 이상의 기업이어야 합니다. 이후 전문평가기관의 2차 현장평가에서 700점 이상의 점수를 획득해야 하는데, 평가지표는 '경영혁신인프라', '경영혁신활동', '경영혁신성과' 3개 부분에서 세부 평가가 이루어지게 됩니다. 특히, '조직혁신' 부문의 평가 비중이 높은데, 직원 채용과 관리 관련 비중이 높아 3년 이내 직원 수를 '3명 이상' 채용한 경우 인증 획득에 유리할 수 있으니 현장평가에서 사용되는 업종별 평가지표를 반드시 확인하여 준비하는 것이 매우 중요할 것입니다.

메인비즈 평가지표

구분	기준	평가항목
경영혁신인프라 (350점)	경영자의 전문 역량, 안정적인 운영자본 확보 등을 평가	① 리더십(비전, 노사 등) ② 혁신전략(혁신이행) ③ 경영자원(자본, 지재권) ④ 성과관리(지표, 평가)
경영혁신활동 (400점)	조직관리 역량, 제품기술, 운영 및 구매관리, 고객관리, 시장대응 역량 등 업종별로 중요도 차별화 평가	① 조직 혁신 역량 ② 제품, 서비스 혁신 역량 ③ 프로세스 혁신 역량 ④ 마케팅 혁신 역량
경영혁신성과 (250점)	고객만족도, 인적자원 성과 및 기업의 성장성, 수익성, 안정성 등 평가	① 비재무성과(인적자원, 고객만족 등) ② 재무성과(성장성, 수익성, 안정성 등)

메인비즈 절차 및 방법

메인비즈 역시 정부지원사업에서 우대받을 수 있는 혜택이 많은데, 정기 세무조사 및 관세조사 유예의 세제혜택과 신용보증기금과 기술보증기금 등의 금융거래에서 우대를 받을 수 있습니다. 또한 공공연구기관 연구인력 파견 및 병역특례지원의 가점 혜택이 있으므로 '병역지정업체' 등록을 염두에 둔다면 반드시 메인비즈 인증이 필요할 것입니다. 또한 판로 및 수출 분야에서 광고비 감면, 조달청 물품구매 적격심사 가점, 글로벌 강소기업 1000+ 프로젝트나 수출 바우처 신청 시 가점을 받을 수 있을 뿐만 아니라, 중소벤처기업부 등 정부기관에서 주관하는 R&D 사업에도 가점 혜택이 있으므로 메인비즈 인증 기업은 해당 사항을 확인하여 기업의 기술개발이나 경영혁신활동에 활용할 필요가 있습니다.

정의	중소벤처기업부로부터 경영혁신형 중소기업 (Management + Innovation + Business)으로 인증받은 기업
주요대상	업력 3년 이상(포괄 양수 전환 시 개인사업자 이력 포함)
주요혜택	① 자금조달 우대(가산점 항목) ② 신보 보증료율 0.1%p 차감 ③ 정기 세무조사 유예(수도권 2년간, 지방 3년간) ④ SGI 서울보증 보증우대 ⑤ 병역특례 지원, 조달청 가점 ⑥ R&D사업 가점
소요기간	약 40일
유효기간	3년
비고	직원관리 관련 점수 배점이 높아, 직원수가 최소 3명 이상인 경우 유리

ISO(International Organization for Standardization, 국제표준화기구)는 서비스 공급과 관련된 제반 설비와 활동의 표준화를 통하여 국제교역을 촉진하고 기술, 과학 경제활동 분야에서 세계 상호 간의 협력 증진을 하기 위한 목적으로 설립된 국제기구입니다. ISO 인증은 국가별로 상이한 표준을 통일하고 일관적으로 적용하여 국가 간의 거래를 원활하게 하려는 목적으로 부여되는 인증인 만큼 국제규격을 준수하고, 유지하고 있다는 사실 자체만으로도 기업의 입장에서는 비즈니스를 확장시킬 수 있는 기회가 될 수 있다는 장점을 가지고 있습니다.

따라서 ISO 인증은 국제표준화를 요구하는 분야에서 인증 부여가 가능한데 ISO9001(품질경영시스템), ISO14001(환경경영시스템), ISO45001(안전보건경영시스템)이 많은 기업들이 관심을 두고 있는 ISO 인증이라고 할 수 있습니다. 과거에는 품질관리의 중요성이 부각됨에 따라 ISO9001 인증이 중요했지만, 최근 중대재해처벌법 확대 시행에 따른 안전보건 인증과 환경문제 부각에 따른 환경경영 인증이 중요해지고 있는 상황이라고 할 수 있습니다. 특히, ISO14001은 유럽, 미주 등에서 자국으로 들어오는 수출품에 대해 환경 인증을 필수 요건으로 부과함에 따라 중요성이 계속 증가될 것으로 보고 있습니다.

ISO 인증은 정부가 부여하는 인증이 아니라, 국제표준화기구에서 인정한 인증 심사기관이 심사하고 발급하는 인증입니다.

따라서 인증의 효과는 동일하더라도 여러 인증기관 중 어떤 심사기관을 선택하는지가 중요한 문제가 될 수 있는데, 심사기관별로 인증 심사 비용이 조금씩 다르다는 점과, 심사를 담당하는 심사원의 역량과 경험에서 차이를 보일 수 있기 때문입니다. 따라서 ISO 인증기관은 상위 인정기관으로부터 상시 감사와 관리를 받아 객관성이 확보되고, 심사원의 경험과 경력이 높아 신뢰성을 갖추고 있음은 물론 합리적 비용과 기업의 국제표준화 목표에 도움이 될 만한 인증기관을 선택하는 것이 무엇보다 중요하다 할 수 있습니다.

국제표준화인증 서비스 종류

시스템인증	품질, 환경, 안전보건, 보건 및 의료기기, 식품, 에너지, 정보 보안, 부패방지, 교육, 사업연속성, 이벤트 지속성, 고객만족, 시설관리, 공급사슬 보안, AI 경영시스템
제품인증	유럽 제품인증, 유라시아 제품인증, 러시아 제품인증, 미주 제품인증, 중국 제품인증, Vegan 및 Non-GMO 인증, HALAL 인증, 화장품 인증

ISO 인증은 현대 비즈니스 시장에서 중소기업에 있어서는 없어서는 안 될 인증으로 그 중요성이 점점 더 커지고 있습니다. 중소기업은 대기업에 비해 적절한 매뉴얼과 시스템이 구축되기 어렵습니다. 따라서 ISO 인증의 경영시스템 구축을 통해 해당 기업은 다른 기업들이 겪고 있는 시행착오를 줄일 수 있을 뿐만 아니라 인적·물적 자원을 효율적으로 활용하고 철저한 관리 중심의 기업으로 인정받는다는 평가를 받을 수 있습니다.

또한 기업의 체질을 개선하고 문제점을 해결할 수 있는 대안을 ISO 인증을 획득하기 위한 프로세스에서 얻을 수 있고, 이를 통해 궁극적으로 국내·외 고객에게 신뢰를 확보하여 기업의 성장을 도모할 수도 있을 것입니다. 따라서 기업 전반에 대한 진단을 필요로 하고, 중장기적으로 수출을 통한 국제무대 진출을 염두에 둔 기업이 더 중요하게 생각해야 할 인증이 바로 ISO 인증이라고 할 수 있겠습니다.

정의	기업의 시스템이 국제표준화규격에 따른 요구사항에 적합한지를 제3자 인증기관으로부터 객관적인 평가를 통해 인증해 주는 제도
주요대상	업종 무관
주요혜택	① 자금조달 우대(가산점 항목) ② 공공조달 참여 시 신인도 평가 가점 부여 ③ 해외 수출, 대기업 납품 시 바이어가 요구하는 경우 많음
주요인증 및 효과	• ISO 9001(품질경영시스템) : 경영시스템 체계 확립으로 품질향상, 원가절감, 생산성 향상 / 업무 표준화 및 책임과 권한의 명확화로 업무 효율성 증대 • ISO 14001(환경경영시스템) : 환경친화적 기업으로 이미지 개선, 환경경영을 통한 생산제품 경쟁력 강화 • ISO 45001(안전보건시스템) : 각종 법규/규제, 산업재해 관련 소송 대응
소요기간	약 30일
유효기간	3년(단, 1년마다 사후심사)
절차	1주 2주 1주 문서심사 → 현장심사 → 등록심사 → 인증서 발급
참고	민간 인증이므로 소요기간 최대 2주까지 단축 가능

나. 기타 인증 및 인정

<뿌리기업 확인>

'뿌리기업 확인'은 「뿌리산업 진흥과 첨단화에 관한 법률」제14조의 2, 동법 시행령 17조의 2와 관련하여 뿌리기술에 해당하는 기술로 사업을 영위하는 기업을 대상으로 '뿌리기업'임을 확인하는 인증을 말합니다. 인증의 유효기간은 3년이며 뿌리기업으로 선정이 되면 제조혁신기술커넥트 지원사업, 뿌리기업 자동화·첨단화 지원사업, 공통제조공정 에너지 진단 보조사업, 뿌리기업 공정기술 개발사업, 뿌리기술 전문기업 육성사업 등 정부지원사업 신청에 가점을 얻을 수 있고, 외국인 고용 확대 및 안정화, 병역특례 혜택도 부여받을 수 있습니다. 뿌리기업확인서 발급을 위해서는 '공장등록증'상 공장의 업종(분류번호)이 뿌리산업의 범위에 반드시 포함되어 있어야 하므로, 해당 업종 기업의 성장을 위해서는 필수 인증이라고 할 수 있습니다.

뿌리산업진흥센터 신청 화면(https://apply.kpic.re.kr)

그럼 뿌리기업 인증 신청의 기본 자격인 '뿌리기술'은 무엇을 말하는 걸까요? 뿌리기업의 근간이 되는 뿌리기술은 제조업 전반에 걸쳐 활용되는 기반 공정기술과 사출, 프레스, 정밀가공, 로봇, 센서 등 제조업의 미래 성장 발전에 핵심적인 차세대 공정기술을 말합니다.

좀 더 자세히 말하자면, 우리나라 주력산업의 최종 제품의 품질을 좌우하는 핵심기술을 말하는데, '소재' 분야에 있어서는 금속 소재 중심에서 플라스틱, 세라믹 등으로 확대되고, '공정' 기술 역시 주조, 금형 등에서 로봇, 산업 지능형 소프트웨어, 엔지니어링 설계에 이르기까지 적용 범위가 점점 넓어지고 있습니다.

따라서 뿌리기술을 적용하는 산업 범위 역시 우리나라 전통 주력산업인 자동차, 기계, 조선 등에서 로봇, 바이오, 드론, 수소차, 그린십, OLED, 반도체 등 신산업 분야로 지속적으로 확대되고 있음을 볼 수 있습니다. 이는 산업분야가 점점 복잡, 다양해지고 국가 간 기술경쟁이 심화됨에 따라 핵심기술에 대한 중요성이 높아지고 있다는 방증일 것입니다.

6개 소재 및 14개 뿌리공정기술

구분	기존	추가	계
소재 다원화	금속 (1개)	세라믹, 플라스틱, 탄성소재, 탄소, 펄프 (5개)	6개
공정기술 확장	주조, 금형, 소성가공, 용접, 표면처리, 열처리 (6개)	사출 프레스, 정밀가공, 적층제조, 산업용 필름·지류 (4개)	14개
		로봇, 센서, 산업지능형 SW, 엔지니어링 설계 (4개)	

정의	뿌리기술에 해당하는 기술로 사업을 영위하는 기업을 대상으로 발급 (국가뿌리산업진흥센터(KPIC))
주요대상	공장이 업종(분류번호)이 뿌리산업의 범위에 포함되는 기업
주요혜택	① 정부지원사업 가점 부여 ② 외국인 고용한도 및 체류자격 변경 시 우대 ③ 산업기능요원 신청 시 가산점 부여
소요기간	약 10일
유효기간	3년(3년 후 재신청 필요)
절차	① 회원가입 후 온라인 신청 ⇒ ② 서류 제출 ⇒ ③ 심사결과 후 인증서 발행
비고	뿌리기술 전문기업 지정으로 확대 가능

<소재·부품·장비 전문기업 확인>

'소재·부품·장비 전문기업 확인'은 소재·부품·장비산업의 기술경쟁력 제고를 위해 소재, 부품 또는 장비 개발·제조를 주된 사업으로 영위하는 기업을 전문기업으로 추천 확인하는 제도입니다. 일명 '소부장'이라는 말은 현재 일반명사처럼 사용하고 있지만, 그 근원은 2019년 7월 일본 수출규제로 인한 대응 과정에서 해당 업종의 중요성이 부각됨에 따라 생겨난 신조어입니다.

'소재·부품'은 원자재→중간재→최종재로 완성되는 제품 생산 단계에서 중간재에 해당하며 원자재로부터 1회 이상의 합성 또는 가공 공정을 거쳐 여러 가지 기능과 형상을 가지게 된 제품 또는 물질을 말합니다. 먼저 '소재'는 부품·완제품을 구성하는 핵심 기초물질로서 다양한 적용성으로 특정 기능을 좌우하는 물질로 평가됩니다. 그리고 '부품'은 미완제품으로 독립적인 기능을 가지지 못하지만 완전한 기능을 발휘하기 위해 다른 상품과의 결합에서 특정한 부분에 사용되는 일정 형태의 제품을 의미합니다. 마지막으로

'장비'는 소재·부품을 생산하거나 소재·부품을 사용하여 제품을 생산하는 장치 또는 설비로 이해하면 됩니다.

소부장 기업으로 확인을 받은 기업은 중소벤처기업진흥공단의 정책자금 지원이나 은행의 운전·시설자금에서 한도증액 및 금리우대를 받을 수 있을 뿐만 아니라, 공급망 위기로 인한 수급차질 피해 시 관세 지원과 기업연구소 설치에 따른 세제 감면, 소부장 R&D 분야 세액공제까지 다양한 정부지원을 기대할 수 있습니다.

소재·부품·장비 기업 확인서 신청 화면(https://www.sobujang.net)

소재·부품·장비 전문기업 신청은 생산제품이 소재·부품 범위 또는 그 생산설비에 해당하는 업종으로서 총 매출액 중 소재·부품·장비 또는 생산설비의 매출액 비율이 50% 이상인 기업이 가능하며 확인서 발급은 한국산업기술평가관리원이 전담기관으로서 신청접수 및 심사 업무를 담당하고 있습니다.

정의	부품, 소재, 장비 개발을 전문으로 생산하는 기업에 대한 정책자금 지원 (한국산업기술기획평가원(Keit))
주요대상	제조업 / 부품 소재 매출액이 전체 매출 비율의 50% 이상 중소기업
주요혜택	①산업기능요원 신청 시 가산점 부여 ②한국은행 금융중개지원 대출 연계 ③기술개발지원사업 신청 시 가점 부여
소요기간	약 1개월
유효기간	3년(유효기간 만료 후 동일한 심사절차 진행)
절차	① 기업 – 소재부품장비 전문기업 확인서 신청 ② 신청서 서류심사 / 필요 시 현장실사 ③ 확인서 발행

<병역지정기업 확인>

'병역지정기업 확인' 제도란 병역자원 일부를 군 필요인원 충원에 지장이 없는 범위 내에서 국가산업의 육성·발전과 경쟁력 제고를 위하여 병무청장이 지정한 업체에서 연구 또는 제조·생산인력으로 활용하도록 지원하는 제도로, 산업인력에게는 연구 및 기술개발의 중단 없이 병역임무를 수행하고 기업에게는 기업 성장을 위하여 기술과 역량을 보유한 인적자원을 확보할 수 있다는 장점이 있습니다. 또한 병역지정기업은 고학력 기술개발 전문인력의 확보뿐만 아니라 생산직 산업인력의 안정적 충원이 가능하고 직원 1인당 지원자금과 급여에 대한 세금공제도 지원받을 수 있습니다.

이러한 인력충원의 장점에도 불구하고 모든 기업이 신청할 수 있는 것은 아닙니다. 「중소기업기본법」상 상시 근로자 10명 이상 중소기업 법인이어야 하며 제조업의 경우 공장을 별도 보유하고 있어야 합니다. 정보처리업은 소프트웨어 개발이 주 업종으로서 전체 매출액의 30% 이상 되어야 하며, 발전업 및 발전 보수업, 정유·가스업에 한정된 에너지 기업과, 광업의 경우 연간 1만2천 톤 이상의 석탄 채굴량이 있는 선광·제련업체로 제한됩니다. 그리고 무엇보다 중요한 것은 젊은 인적자원의 군복무 대체 활동으로 병역지정기업이 활용되기 때문에 「산업재해보상법」상 업무상 재해로 인정받은 기업이나 「중대재해처벌법」으로 경영자 책임이 확정된 업체 등은 신청이 불가능하고, 한국산업안전보건공단에서 발급한 '산업재해율 확인서'상 업종 평균 이상의 산업재해율을 가진 기업 역시 선정되기가 매우 어렵습니다.

병역지정기업 선정 절차를 보면, 병역지정업체 신청서를 작성 제출하여 추천권자에게 평가등급을 받게 되는데, 중소기업으로 추천권자가 중소벤처기업부 장관인 경우 '중소기업인력지원사업 종합관리시스템(https://www.smes.go.kr/sanhakin)'에서 신청할 수 있으며 업종 분야별로 해당 추천권자 확인 후 신청하면 됩니다. 이때 추천권자의 등급이 낮은 경우에는 선정에서 제외됩니다.

중소기업인력지원사업 종합관리시스템(https://www.smes.go.kr/sanhakin)

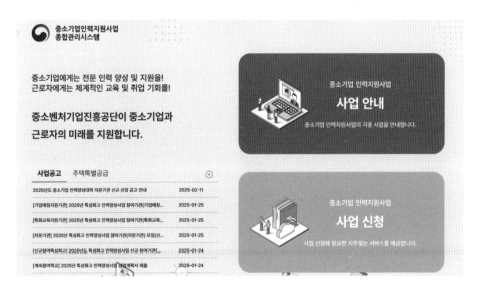

산업체 선정기준 및 추천기관

분야	업종	선정기준	추천권자(접수기관)
공업	철강, 기계, 전기, 전자, 화학, 섬유, 신발, 생활용품, 통신기기, 시멘트·요업		중소벤처기업부장관 (중소벤처기업진흥공단) 산업통상자원부장관 (한국중견기업연합회)
	의료의약	• 제조업을 경영하는 업체로서 등록된 공장 • 6개월 평균 상시 근로자 수 10인↑ 　(마이스터고 또는 특성화고 및 학생과 　취업협약을 체결한 벤처기업은 5인↑) • 제조·매출 실적이 있는 업체 • 제조시설이 다른 업체와 물리적으로 완전히 　분리된 업체	보건복지부장관 (한국의료기기공업협동조합, 한국제약바이오협회, 대한화장품협회)
	농산물가공		농림축산식품부장관(시, 도)
	동물의약품		농림축산식품부장관 (한국동물약품협회)
	임산물가공		산림청장(산림청)
	식품음료		식품의약품안전처장 (한국식품산업협회)
	수산물가공		해양수산부장관(시, 도)
	정보처리	• 정보처리업을 경영하는 업체로서 등록된 사업장 • S/W 개발이 주된 사업이며 매출액이 　전체 매출액의 30%↑ • 6개월 평균 상시 근로자 수 10인↑ 　(마이스터고 또는 특성화고 및 학생과 　취업협약을 체결한 벤처기업은 5인↑) • 사업시설이 다른 업체와 물리적으로 완전히 　분리된 업체	중소벤처기업부장관 (중소벤처기업진흥공단) 산업통상자원부장관 (한국중견기업연합회)
	게임 S/W 제작, 애니메이션 제작, 영상게임기 제조업	• 정보처리업을 경영하는 업체로서 등록된 사업장 • 게임 S/W 제작, 애니메이션 제작이 주된 사업이며 　사업의 매출액이 전체 매출액의 30%↑인 업체 • 6개월 평균 상시 근로자 수 10인↑ 　(마이스터고 또는 특성화고 및 학생과 　취업협약을 체결한 벤처기업은 5인↑) • 사업시설이 다른 업체와 물리적으로 완전히 　분리된 업체	문화체육관광부장관 (한국컨텐츠진흥원), 한국애니메이션산업협회, 한국애니메이션제작자협회
해운 수산	해운	• 합계 1500톤↑의 선박 보유, 해상화물운송사업 　경영 업체 • 총톤수 합계 5천 톤↑의 외항선박관리 업체	해양수산부장관(한국해운협회, 한국선박관리산업협회, 한국해운조합)
	수산	어선(임차선박 포함) 5척↑ 또는 합계 500톤↑의 선박 보유, 원양 또는 근해어업 경영 업체	해양수산부장관 (한국원양산업협회, 수협중앙회)
	광업	• 광물(석탄 제외) 채굴사업을 경영하는 　종업원 수 10인↑ 업체 • 선광·제련사업 경영 업체 • 연간 1만2천 톤↑ 석탄채굴업체	중소벤처기업부장관 (중소벤처기업진흥공단) 산업통상자원부장관 (한국중견기업연합회)
	에너지	• 발전 및 발전보수업 경영 업체 • 정유·가스업 경영 업체	중소벤처기업부장관 (중소벤처기업진흥공단) 산업통상자원부장관 (한국중견기업연합회)
	건설	종업원 수가 100인↑인 업체로서 건설업 또는 해외건설의 면허를 받거나 등록하여 건설업 또는 해외건설업 경영 업체	국토교통부장관 (대한(전문)건설협회, 대한기계설비건설협회, 해외건설협회)
	방위산업	「방위사업법」에 의하여 지정된 업체	한국방위산업진흥회장 (한국방위산업진흥회)

정의	국가산업 육성과 발전을 위해 병영 자원의 일부를 병역특례 업체 지원
주요대상	제조업, 정보처리업, 에너지업, 광업 등
주요혜택	① 고학력 연구·개발인력 충원(전문연구 요원) / 생산직 생산인력 충원(산업기능요원) ② 복무기간 동안 전문인력의 안정적 근무 가능 ③ 기업의 대외 이미지 향상, 정부지원사업 지원 가능
소요기간	약 6개월(1월, 6월 모집) / 제조업의 경우 연 1회만 신청 가능
유효기간	3년(1년마다 사후심사)
절차	① 사업체 - 병역지정업체 신청서 작성 ⇒ ② 추천권자 - 평가등급 부여 ⇒ ③ 병무청장 - 실태 조사 후 병역지정업체 선정 ⇒ ④ 선정결과
참고	산업재해율 확인서(한국산업안전보건공단 발급 必)

부록편

2025년
정부지원사업
주요내용

1. 2025년 정부지원사업, 이렇게 달라집니다

가. 분야별 주요 제도 변경 내용

1) 금융 · 재정 · 세제

□ 중소기업 성장 지원을 위해 R&D와 투자 세액공제에 점감 구조(중소기업 졸업 후 3~5년간)를 도입하고, 투자 세액공제의 추가분 공제율 상향('25.1.1)

| 구분 | R&D 세액공제 | | | | 투자 세액공제 | | | | |
| | 당기분 | | | 추가분 | 당기분 | | | 추가분 | |
	대	중견 → 변경	중소		대	중견 → 변경	중소		
일반	2	8~15	8~20	10	-	1	5	5, 7.5	10	3
신성장원천기술	20	20	20, 25	12	최대 10	3	6	6, 9	12	
국가전략기술	30	30	30, 35	25		15	15	15, 20	25	4

□ 지역경제 활성화와 원활한 주택공급을 위해 기존 1주택자가 인구감소지역 주택 또는 비수도권 소재 준공 후 미분양 주택 취득 시 1세대 1주택 특례* 적용('25.1.1)

　* [양도소득세] 12억 원 비과세 및 장기보유특별공제 최대 80%,
　　[종합부동산세] 기본공제 12억 원(다주택자 9억 원), 고령자·장기보유세액공제 최대 80%

□ 출산율 제고와 양육비 부담 완화를 위해 기업이 근로자에게 지급한 출산 지원금*은 근로소득 전액 비과세하고, 자녀·손자녀 세액공제**

확대('25. 1. 1)

* 근로자 본인·배우자 출생일 이후 2년 이내(최대 2회) 출산지원금 한도 없이 비과세
** 8~20세 자녀, 손자녀에 (첫째) 15→25만 원 / (둘째) 20→30만 원 / (셋째) 30→40만 원

□ 청년들의 중장기적 자산형성 지원을 위해 청년도약계좌 정부기여
금 확대* 및 성실납입자 신용점수 가점** 및 만기 전 부분인출(40%)
서비스 도입('25. 중)

* 월 최대 2.4만 원(5년간 최대 144만 원) → 월 최대 3.3만 원(5년간 최대 198만 원)
** 2년 이상, 누적 800만 원 이상 납입 시 최소 5~10점 추가 부여

2) 교육 · 보육 · 가족

□ 학생이 자신의 진로와 적성에 따라 과목을 선택하고 이수하여 최소
한의 성취기준을 보장할 수 있는 고교학점제 전면 시행('25. 3. 1)

* 2025학년도 고등학교 신입생부터 적용(고1부터 3년간 192학점 이상의 학점 취득 시 졸업)
** 학생의 자유로운 과목 선택을 위해 학교와 교육청이 진로·학업 설계 컨설팅을 제공하거나,
공동교육과정, 온라인학교 등을 통해 다양한 과목 선택을 지원

□ 다양한 교육자원 제공으로 학생 성장을 지원하고, 자녀 돌봄의 어려
움과 부담을 해소하기 위해 늘봄학교 대상* 및 아이돌봄서비스 지
원** 확대('25. 1. 1)

* 초등 1학년 우선 대상 → 초등 1~2학년 우선 대상
** 11만 가구(중위소득 150% 이하) → 12만 가구(중위소득 200% 이하), 영아돌봄 수당(시간당
1,500원) 신설

□ 한부모가족 지원 확대를 통해 안정적 자녀양육 환경을 제공하기

위해 양육비 선지급제를 도입*('25.7.1)하고, 아동양육비 등 지원 ('25.1.1)** 확대

* 양육비를 못 받고 있는 한부모가족에게 국가가 양육비 우선 지급(중위소득 150% 이하 가구의 자녀 1인당 월 20만 원을 만 18세까지 지원) 후 비양육자에게 회수
** 자녀 1인당 월 21만 원, 24세 이하 청소년한부모 월 35만 원 → 자녀 1인당 월 23만 원, 24세 이하 청소년한부모 월 37만 원

3) 보건 · 복지 · 고용

□ 육아휴직 급여 인상*, 육아휴직 기간 확대**, 배우자 출산휴가 기간 확대***, 사후지급방식**** 폐지 등 지원 강화로 일·가정 양립 활성화 도모 ('25.1.1 / 2.23)

* 통상임금 80%(월 상한 150만 원) → 통상임금 100%(월 상한 250만 원)
** 1년 → 1년 6개월(4회 분할 가능)
*** 10일 → 20일(우선지원대상기업 정부 급여지원 기간 5일 → 20일)
**** 육아휴직 중 75%만 지급, 25%는 복직 후 6개월 이상 근무 시 지급

□ 상습 임금체불 사업주*로 지정되는 경우 신용제재, 정부지원 제한, 공공입찰 불이익 등을 받고, 체불임금 미정산 시 출국금지, 반의사 불벌죄 배제 등 제재 신설('25.10.23)

* 1년간 ①근로자 1인당 3개월분 임금 이상 체불(퇴직금 제외) 또는 ②5회 이상 체불 및 체불 총액 3천만 원(퇴직금 포함) 이상

□ 국내 디지털의료제품*의 신뢰도 제고와 국민의 안전한 사용을 위해 디지털의료제품을 위한 새로운 관리체계 마련 및 사전 관리에서 전 주기 관리**로 전환('25.1.24)

* 디지털의료기기, 디지털융합의약품, 디지털의료·건강지원기기로 구분
** 시판 전 관리 중심의 전통적 규제에서 개발과 성능평가 등 전주기 규제로 전환

4) 문화 · 체육 · 관광

□ 청소년의 법 위반 유발행위에 따른 선량한 게임물관련사업자의 행
  정처분 면제를 기존 PC방에서 성인·청소년 오락실, 복합공간 등으
  로 확대('25. 4. 23)

  * 신분증 위변조·도용 및 폭행·협박 등으로 청소년임을 인지·확인하지 못할 경우 적용되며, 사
    업자는 연령을 확인할 수 있는 주민등록증 등 증표를 제시하도록 요구할 수 있는 근거 마련

□ 인구감소지역에 소규모 관광단지를 개발할 수 있도록 지정 기준 완
  화* 및 승인절차 간소화**, 기존 관광단지에 적용한 혜택***은 동일
  적용('25. 4. 23)

  * 지정규모 : 50만m^2 이상 → 5만m^2~30만m^2, 필수시설 : 3종 → 2종(공공편익시설, 관광숙
    박시설)
  ** 승인권자 : 시·도지사(문체부 사전협의) → 시·군·구청장(시·도지사 사전협의)
  *** 개발부담금 면제, 취득세 감면, 공유재산 임대료 감면, 관광진흥개발기금 융자 지원 등

5) 환경 · 기상

□ 배출권 수급 안정화를 위해 배출권 이월제한 기준을 완화*(순매도
  량의 3배 →5배)하고, 배출권 위탁거래 도입**으로 배출권 시장 활
  성화 도모('25. 하반기)

  * 동일량을 기준으로 배출권 이월을 위해서는 보유한 배출권의 1/4을 순매도(3/4 이월 가능)해

야 했으나, '25.6월부터 순매도량을 1/6로 완화(5/6 이월 가능)

** 기존에는 배출권거래소(한국거래소)를 통한 직접 거래만 가능했으나, 배출권 거래 중개회사
로 등록한 증권사의 홈트레이딩 시스템을 통해 거래 가능

□ 녹색산업 분야에서 담보력이 열악한 중소·중견기업이 성장 자금을
원활히 조달할 수 있도록 보증을 제공하는 '녹색전환보증' 사업 시행
('25.1월)

* 온실가스 감축 활동 외에 물·대기·폐기물 등 녹색산업 전반의 활동을 포함하며 지원대상 선정
시 최대 100% 보증 제공 가능(신보 및 기보 영업점을 통해 상담·신청)

□ 국민 안전을 위해 호우 긴급재난문자 운영지역을 전국으로 확대
('25.5월)하고, 겨울철 대설에 대해서도 안전안내문자 신규 제공
('25.11월)

6) 산업 · 중소기업 · 에너지

□ 통상조약 등 이행에 따라 매출액·생산량이 5% 이상 감소하거나 감
소 우려가 있는 기업에 대해 기존 융자 지원에 더해 전문 컨설팅사
를 통한 기술·경영 혁신 지원('25.1.1)

* 통상영향조사 및 기술·경영 환경 진단과 함께 통상변화대응에 필요한 자금·인력·기술·해외진
출전략 등 기업이 필요로 하는 분야에 대한 정보제공 및 상담

□ 소상공인 경쟁력 강화를 위해 서빙로봇, 키오스크 렌탈 비용의 70%
를 지원하고 온라인 쇼핑이 가능한 '디지털 전통시장' 지속 구축 및
맞춤형 지원*('25. 상반기)

* 1단계 첫걸음(디지털 기초역량·상인조직화) → 2단계 고도화(온라인 입점·근거리 물류) → 3단계 확산(고유상품 개발·전국 물류) → 4단계 글로벌(해외플랫폼 입점 및 수출 물류)

□ 이산화탄소 포집·수송·저장 및 활용을 위한 법제적 기반을 마련하여 기후 위기에 효율적으로 대응하고 관련 신산업 발전 지원('25.2.7)

  * 이산화탄소 포집시설 설치 신고, 수송사업 승인, 저장사업 허가 등 전주기적 과정의 관리·지원 및 집적화단지 지정 및 지원 등을 통해 산업생태계 구축 지원

7) 국토 · 교통

□ 단독·다가구주택, 연립·다세대주택 등 非아파트 구입자가 청약에서 불이익이 없도록 청약 시 무주택으로 인정하는 범위 확대('24.12월)

  * $60m^2$, 공시가격 1억 원(수도권 1.6억 원) 이하 주택 → $85m^2$, 공시가격 3억 원(수도권 5억 원) 이하 주택

□ 택배서비스 사업과 소화물배송대행 사업의 운송수단에 화물차 이외에 드론과 실외이동로봇을 이용할 수 있도록 구체적 등록요건 마련('25.1.17)

  * (드론) 항공사업법에 따른 초경량비행장치사용사업 등록 및 운영 필요 요건 구비
    (실외이동로봇) 지능형로봇법에 따른 운행안전 인증 및 보험 또는 공제 가입

8) 농림 · 수산 · 식품

□ 산업단지 내 수직농장 입주 허용* 및 수직농장의 농지 입지규제 완화**를 통해 스마트 농업을 활성화하고 농산물 수급 안정화에 기여

('24.11월/'25.1월)

    * 원료·소재 작물을 수직농장에서 생산하고 인접 공장을 통해 고부가가치 제품의 제조가 가능해져 융복합 기술을 적용한 스마트농산업 활성화에 기여

    ** (기존) ICT기술과 결합한 비닐하우스 또는 고정식온실 형태 수직농장만 농지에 설치 가능
    (변경) 농촌특화지구, 스마트농업 육성지구 내에서 모든 형태의 수직농장을 별도 절차 없이 설치

□ 농업인의 소득·경영 안전망 구축을 위해 농업수입안정보험 대상 품목(9→15개) 및 농작물재해보험 대상 품목(73→76개)·지역(주산지 →전국)* 확대('25.4월/추후확정)

    * 일부 지역(보험상품으로 도입 시 위험산정이 어려워 주산지 기준으로 도입)에서 한정 운영했던 단호박, 당근 등 9개 품목을 전국에서 가입할 수 있도록 대상지역 확대

□ 어항 배후의 상업·공업지역 거주 어업인들도 소규모어가 직불금* 혜택을 받을 수 있도록 개선하여 소규모어가의 소득·경영 안전망 강화 도모('24.10월)

    * 5톤 미만의 어선 소유, 양식수산물 연간 판매액 1억 원 미만 등 경영규모가 영세한 어가에게 연간 130만 원의 직불금을 지급하는 제도

9) 국방 · 병무

□ 병역의무 이행에 대한 합당한 보상·예우를 위해 '25년 병 봉급을 인상*하고, 장병내일준비적금 정부지원금도 월 55만 원(기존 40만 원)으로 인상**('25.1.1)

    * 월급 : (병장)125→150만 원, (상병)100→120만 원, (일병)80→90만 원,
    (이병)64→75만 원

    ** 18개월 복무, 월 55만 원 납입 시 총 2,019만 원 적립 가능 : 원금(990만 원) + 정부매칭지원금(990만 원) + 은행 기본금리(5%, 39.2만 원)

□ 방산기술 국외 유출이 국가 안보에 미치는 영향을 고려해 처벌을 강화하고, 방위산업기술 보호지침의 법적 근거를 신설해 실질적 효력 부여('25.6월)

　* 최고 20년 이하 징역 또는 20억 원 이하 벌금에서 1년 이상 유기징역 및 20억 원 이하 벌금 병과

10) 행정 · 안전 · 질서

□ 형사공탁제도 악용 방지를 위해 판결 전 형사공탁 시 피해자 의견을 의무적으로 청취하고, 형사공탁금 회수를 원칙적으로 제한하는 규정 신설('25.1.17)

　* (악용사례) 피고인이 피해자 의사에 반하여 감형을 받거나, 감형을 받은 후 공탁금을 몰래 회수

□ 국민이 정부 혜택을 놓치지 않도록 공공서비스를 안내하는 맞춤형 "혜택 알리미"*를 구축하여 민간 앱(은행앱, 네이버 등)에서 서비스 제공('25년 중)

　* 2025년부터 4개 분야(청년, 구직, 출산, 전입<이사>) 등 800여 개 서비스를 시작으로 2026년까지 3,300여 개 서비스로 확대 계획

□ 주거공간에 대한 화재피해 저감을 위해 다세대·연립주택 등 공동주택을 특정소방대상물*에 포함하여 소방시설 설치 의무화('24.12.1)

　* (기존) 주택·다세대·연립주택은 일반소방대상물로 소화기, 단독경보형감지기만 설치
　　(변경) 특정소방대상물로 추가하여 소화기, 단독경보형감지기(연동형), 간이 스프링클러, 유도등, 완강기 등 설치 의무화

나. 부처별 주요 제도 변경 내용

1) 기획재정부

* 출처 : 기획재정부 누리집> 보도자료> 2024년 세법개정안 발표(2024.7)

□ R&D 세액공제 점감구조 도입 (조세특례제도과)

- R&D 세액공제에 점감구조를 도입하여 중소기업 성장에 따른 세액공제율 하락폭 축소

구분(%)	당기분			추가분*
	대	중견	중소	
일반	2	8~15[1]	25	-
신성장원천기술	20		30	최대 10
국가전략기술	30		40	

* 추가분 : 최대 10%(R&D 지출액/매출액×3)
1) (~3년) 15%, (3~5년) 10%, (5년~) 8%

구분(%)	당기분			추가분*
	대	중견	중소	
일반	2	8~20[2]	25	-
신성장원천기술	20	20, 25[3]	30	최대 10
국가전략기술	30	30, 35[4]	40	

* 추가분 : 최대 10%(R&D 지출액/매출액×3)
2) (~3년) 20%, (4,5년) 15%, (6년~) 8%
3) (~3년) 25%, (4년~) 20%
4) (~3년) 35%, (4년~) 30%

- 개정 내용은 2025년 1월 1일 이후 개시하는 과세연도 분부터 적용

□ R&D 세액공제 적용대상 확대 (조세특례제도과)

- R&D 세액공제 적용대상 인건비 연구 전담 요건 완화, 공제대상 비용 범위 확대
- (인건비) 국가전략기술, 신성장·원천기술과 일반 R&D를 공동 수행하는 경우 일반 R&D 적용 → 주된 시간을 국가전략기술 또는 신성장·원천기술에 투입한 경우 투입 시간만큼 안분
- (소프트웨어 대여·구입비) 문호상품 제작목적 한정 → 요건 삭제
- 개정 내용은 영 시행일이 속하는 과세연도에 지출하는 분부터 적용

ㅁ 투자 세액공제 점감 구조 도입 및 추가분 공제율 상향 (조세특례제도과)

- 투자 세액공제에 점감 구조를 도입하고 투자 증가분에 대한 공제율 상향 시행

구분(%)	당기분			증가분*
	대	중견	중소	
일반	1	5	10	3
신성장원천기술	3	6	12	
국가전략기술	15		25	4

* 증가분 : 당년 연도 투자액 – 직전 3개년 평균 투자액

구분(%)	당기분			증가분*
	대	중견	중소	
일반	1	5, 7.5[2]	10	10
신성장원천기술	3	6, 9[3]	12	
국가전략기술	15	15, 20[4]	25	

* 증가분 : 당년 연도 투자액 – 직전 3개년 평균 투자액
2) (~3년) 7.5%, (4년~) 5%
3) (~3년) 9%, (4년~) 6%
4) (~3년) 20%, (4년~) 15%

- 개정 내용은 2025년 1월 1일 이후 개시하는 과세연도 투자 분부터 적용

ㅁ 창업중소기업 세액감면 제도 합리화 (자유무역협정 관세이행과)

- 창업중소기업 세액감면 제도의 ①업종 우대 감면율 적용기한 종료 ②수도권 감면율 축소 ③고용 증대 추가감면 상향하는 등 제도 합리화
- 개정 내용은 2025년 1월 1일 이후 창업 분부터 적용

구분	기본감면		추가감면
	수도권 과밀억제 권역	수도권 과밀억제 권역 외	
창업 중소기업	-	5년 50% (신성장서비스 우대)	상시 근로자 증가율 × 50%
청년· 생계형	5년 50%	5년 100%	
벤처기업 등	5년 50% (신성장서비스 우대)		

구분	기본감면			추가감면
	수도권 과밀억제 권역	수도권 과밀억제 권역 외		
		수도권	수도권 외	
창업 중소기업	-	5년 25%	5년 50%	상시 근로자 증가율 × 100%
청년· 생계형	5년 50%	5년 75%	5년 100%	
벤처기업 등	5년 50%			

□ **수도권 내 이전에 대한 지방이전지원 세제 감면대상 축소 (조세특례제도과)**

- 수도권 과밀억제권역 공장을 수도권 안으로 이전하는 경우 감면대상 제외
- (개정 전) 중소기업이 공장과 본사 동시에 이전하는 경우, 수도권 과밀억제권역에서 성장관리권역 및 자연보전권역으로 이전하는 경우에도 감면 적용
- 단, 수도권 내 인구감소지역으로 이전하는 경우, 이전과 동일하게 감면 적용
- 개정 내용은 2025년 1월 1일 이후 공장 이전 분부터 적용

□ **노란우산공제 세제지원 강화 (소득세제과)**

- 소기업·소상공인의 사회안전망 강화를 위해 노란우산공제 소득공제 한도 상향 및 법인대표자 공제기준 완화
- (소득공제 한도 상향) 사업(근로)소득 4천만 원 이하 500만 원→600만 원, 4천만 원~1억 원 이하 300만 원→400만 원
- (공제기준 완화) 총급여 8천만 원 이하인 법인대표자에 대해 소득공제 허용
- 개정 내용은 2025년 1월 1일 이후 납입하는 분부터 적용

2) 조달청

□ **차세대 국가종합전자조달시스템 개통 (차세대 나라장터 구축 추진단 총괄기획팀)**

- 2025년 상반기부터 디지털 신기술을 이용하여 사용자 친화형 시스템으로 전면 개편한 '차세대 나라장터' 개통
- 20여 년 사용한 현 나라장터를 대체할 차세대 나라장터의 특징은, 첫째, 클라우드 기반 플랫폼으로 지연 및 장애를 최소화하여, 안정성이 크게 강화되고, 둘째, AI를 활용한 맞춤형 정보를 제공하는 조달비서와 프로세스바 도입, 모바일 확대 등으로 사용자 편의성 대폭 제고하며, 셋째, 다양한 인증수단을 허용하고, 온라인 자동 보증신청 등으로 기업 부담 최소화 구현
- 공공기관 자체조달시스템 및 플랫폼을 나라장터로 통합, 일원화함으로써 조달 기업은 한 번의 등록으로 모든 공공조달 업무를 나라장터를 통해 이용 가능

□ **조달기업공제조합 설립으로 조달 기업의 금융부담 완화 (구매사업국 구매총괄과)**

  * 출처 : 조달청 누리집> 보도자료> 조달 기업의 보증수수료 부담 확 줄어든다(2024.7.5.)

- 초기 창업기업을 비롯한 중소·벤처 조달 기업의 금융부담 경감을 지원하는 조달기업공제조합* 운영

  *「조달사업에 관한 법률」에 근거하여 설립되는 법인으로, 조달계약을 체결한 사업자 간 상호협동을 통해 조달 기업 대상 보증·공제 및 자금융자 사업 등을 운영하여 경제활동을 진흥시키는 것을 목적으로 하며, 2024년 8월 13일 설립 완료

- 공제조합을 통해 계약·입찰·선금 등 각종 보증서를 발급하는 조달 기업의 경우, 타 공제조합과 민간 보증사 대비 낮은 보증수수료 부담으로 비용 감소
- 또한, 경영 상담·진단 기술향상 및 교육훈련을 통해 조달 기업 경쟁력 강화

- 아울러 공제조합이 제공하는 저금리 자금융자 사업을 활용, 기업의 경영 안정성을 높이고 경제적 어려움 극복에 도움

□ **혁신제품 임차 시범구매 도입 (신성장판로지원과)**

- 기존에 없던 혁신기술 적용 제품을 정부가 '첫 번째 구매자'가 되어 다양한 공공 현장에서 품질과 성능을 검증하는 시범구매 임차 방식 신규 도입

- (기존) 제품을 구매하여 테스트하는 방식만 있어, 의료기기, R&D 장비와 같이 고가제품 또는 여러 환경에서 테스트가 필요한 제품에 대해 시범구매 어려움 → (신규) 「국가계약법 시행령」*을 개정하여 제품을 구매하지 않고 일정 기간 임차하여 테스트하는 임차 시범 도입

- 제품 특성을 고려하여 기업과 기관이 시범구매 시 '임차'와 '구매' 중 선택 가능하고 임차 방식도 장·단기 임차 및 구독 등 다양하게 운영할 계획

    * 「국가계약법 시행령」은 2024년 12월 중 개정 예정, 임차 시범구매는 2025년 1월부터 시행

□ **국민 안전과 직결되는 조달물자의 품질관리 강화 (조달품질원 품질총괄과)**

- 국민의 생명·안전과 직결되는 안전관리물자*의 품질관리 강화

    * (안전관리물자) 국민의 생활안전, 생명보호, 보건위생과 관련된 조달물자를 안전관리물자로 지정하고 품질 점검 및 직접생산확인 점검 계획을 수립하여 중점 품질관리

- 조달청은 국민 생명과 안전에 영향을 미치는 35개 품명을 안전관리물자 대상으로 신규 지정 및 중점 품질관리를 시행하고, 안전중요도가 낮거나 관리가 불필요한 17개 품명은 지정 제외하여 업체의 부담 경감 및 행정 효율성 상승 도모

- 이에 따라, 안전관리물자 대상 품명은 기존 257개→275개로 18개 증가

당초	개정			
257개 세부품명 (125 품명 및 19 세부품명) (a)	신규지정 (b)	재분류 (당초 257개 재검토)		지정 결과 (a+b-c)
		지정유지	폐지(c)	
	35개 세부품명	240개 세부품명	17개 세부품명	275개 세부품명 (※ 현행 대비 18개 증가)

* 「조달청 안전관리물자 품질관리 업무규정」은 2024년 10월 개정, 2025년 1월부터 시행 예정

3) 보건복지부

□ 중증장애인생산품 우선구매 비율 상향(1% → 1.1%) (장애인자립기반과)

- 경쟁 고용이 어려운 중증장애인의 직업 재활을 돕기 위한 중증장애인생산품 우선구매제도 비율이 기존 1%에서 2025년부터 1.1%*로 상향

  * 「중증장애인생산품우선구매특별법」에 따라 2% 범위 보건복지부장관이 정하는 비율 이상 설정 및 중증장애인생산품 구매목표비율, 생산시설 지정 등에 관한 기준에 따라 1.1%로 설정

- 또한, 의무구매비율에 미달하는 공공기관의 구매담당자는 의무교육을 받아야 하며, 3년 연속 미달하는 공공기관은 집합교육 필수 이수(2024년 8월부터)

- 이후에도 공공기관 담당자 교육, 우선구매제도 상향 등 장애인 일자리 창출 및 소득보장 지원 노력 유지

4) 고용노동부

□ 청년일자리도약장려금 확대 개편 (공정채용기반과)

- 청년일자리도약장려금 사업은 사업주와 근로자를 지원하여 청년 신규 일자리 창출을 통한 청년고용 활성화를 목적으로 하는 제도
- (기존) 5인 이상 우선지원대상기업이 취업애로청년 정규직으로 채용 및 6개월 이상 고용 유지 시, 사업주에게 지원 → (변경) 2025년 1월 1일부터 도약장려금 유형 신설, 5인 이상 빈일자리 업종의 기업이 청년 정규직 신규 채용 시 ①기업에 채용장려금, ②청년에 장기근속인센티브 지원으로 개편

구분	2024년	2025년	
유형	단일유형	Ⅰ 유형	Ⅱ유형(신설)
지원업종	모든 업종	모든 업종	빈 일자리 업종
대상청년	취업 애로 청년	취업 애로 청년	모든 청년
지원기간	2년	1년	2년
사업주지원(청년1인당)	1200만 원(2년) *720만(60만/월)+2년 차 480만	720만(1년 지원)	720만(1년 지원)
청년장기근속인센티브	-	-	480만 원(2년) *18,24개월 차 각 240만 원
목표인원	12.5만 명	5.5만 명	4.5만 명

□ 장애인 표준사업장 무상지원금 '도약지원형' 신설 (장애인고용과)

- 장애인 표준사업장*의 장애인 추가고용 및 자생력 강화 지원을 위해 '도약지원형'을 신설하여 무상지원금 한도 상향 조정

  * 장애인 근로자를 다수 고용하면서 최저임금 이상의 임금을 지급하고, 장애인 편의시설을 갖추는 등 장애인고용법에서 정한 요건을 모두 갖추고 한국장애인고용공단의 인증을 받은 사업장

- 장애인표준사업장 무상지원금(한도 10억) 전액 지원받은 사업장 중 작

업·생산·편의시설 개선 및 장애인 추가고용을 희망 시, 최대 5억 원 추가 지원
- 또한, 무상지원금에 따른 장애인 신규 채용 기준 금액을 기존 3천만 원당 1명에서 4천만 원당 1명으로 완화하여 표준사업장 경쟁력 강화 지원

□ 중장년 경력지원제 신설 (고령사회인력정책과)

- 주된 업무에서 퇴직한 사무직 등 중장년에게 일경험을 쌓을 수 있도록 지원하기 위해 '중장년 경력지원제' 신설로 중장년 취업 가능성 제고
- 자격취득 등으로 경력을 전환하고 경력 쌓기를 통해 재취업하고자 하는 사무직 등의 퇴직 중장년이 일경험을 희망하는 경우, 1~3개월간 직무교육과 직무수행을 연계 제공하고, 참여자에게 참여 수당 월 최대 150만 원 지원
- 또한, 단순노무직 등 질 낮은 일자리가 아닌 전기 기사, 공조 기능사, 사회복지사 등 자격 또는 기술이 필요한 분야로서 현장의 경력 쌓기가 필요한 양질의 일경험 프로그램 운영 기업에 프로그램 운영 수당(참여자 1인당) 월 최대 40만 원 지원

□ 2025년 적용 최저임금 (근로기준정책과)

  * 출처 : 고용노동부 누리집> 정보공개> 법령정보> 훈령·예규·고시
- 2025년 1월 1일부터 최저임금 시간급 1만30원으로 인상
  * 일급으로 환산하면 8시간 기준 8만240원, 주 근로시간 40시간 기준 월 환산액은 209만 6,270원(환산 기준시간수 209시간, 주당 유급 주휴 8시간 포함)
- 최저임금은 모든 사업장에 동일하게 적용되며, 근로기준법상 근로자라면 고용형태나 국적과 관계없이 모두 적용

- 다만, 수습 중에 있는 근로자로서 수습을 시작한 날부터 3개월 이내인 사람은 최저임금액의 10% 감액 가능. 단, ①1년 미만 근로계약 체결, ② 단순 노무 업무로 고용노동부 장관이 정하여 고시한 직종에 종사하는 근로자는 수습 사용 중이어도 감액 적용 불가
- 매월 1회 이상 지급되는 임금이 최저임금에 산입되며, 매월 지급하는 상여금 및 식비, 숙박비, 교통비 등 근로자의 생활보조 또는 복리후생을 위한 성질의 임금도 최저임금에 전부 산입. 단, ①통화 이외의 것(현물)으로 지급하는 임금, ②소정근로시간 또는 소정의 근로일에 대하여 지급하는 임금 외의 임금은 최저임금에 불산입

□ 위험성 평가 인정사업장 심사관리 강화 (산재예방지원과)

* 출처 : 고용노동부 누리집> 정보공개> 예산·법령정보>"「입법·행정예고 사업장 위험성 평가에 관한 지침」(고시) 개정안 행정예고"

- 2025년부터 위험성 평가 인정기준과 인정사업장에 대한 사후관리 강화*

  * 고용노동부 고시 「사업장 위험성 평가에 관한 지침」 개정·시행(2025. 1.)

- '위험성 평가 인정'은 중소사업장의 내실 있는 위험성 평가 실시를 위해 100인 미만 사업장에 대해 위험성 평가 활동 수준을 심사하여 인정하고 산재보험료 감면 등 혜택을 지원하는 사업
- (인정기준) 위험성 평가 인정기준 기존 70점에서 90점으로 상향, 위험요인 발굴·개선 및 근로자 참여에 대한 배점 강화
- 위험성 평가 실행 : 50%→60%, 구성원의 참여·이해수준 20%→25%로 강화
- (사후점검) 모든 인정사업장 인정기간 중 1회 이상 사후점검 등 점검 내실화

  * 인정사업장의 20% 선정하여 점검 → 모든 인정사업장 점검

- (개선확인) 인정사업장이 현장심사, 사후점검에서 개선이 지적된 사항을 미이행하는 경우 인정 취소 가능성 있음

□ **건설업 산업안전보건관리비 평균 19% 인상 (건설산재예방정책과)**

　　* 출처 : 고용노동부 누리집> 정보공개> 법령정보> 입법·행정예고

- 중대재해 감축을 위한 산업재해 예방 비용 및 스마트 안전장비 활용도 증가 등 건설현장의 여건 변화를 반영하여 건설업 산업안전보건관리비 고시 개정
- 2013년 이후 직접적 요율 인상이 없었던 산업안전보건관리비 계상 요율을 평균 19% 인상하고, 최근 건설현장 사용이 증가되고 있는 스마트 안전장비 구입·임대 지원 비율을 현행 40%에서 2026년 100%까지 단계적으로 확대
- 또한, 모든 연가 단가계약에 대하여 총계약금액 2천만 원 이상일 경우 산업안전보건관리비 계상하도록 변경

5) 식품의약품안전처

□ **식약처, 신규 위생용품 안전관리 강화 (위생용품정책과)**

- 문신용 염료 및 구강관리용품 위생용품 관리체계 편입 및 안전관리 강화
　　* (구강관리용품) 칫솔, 치간칫솔, 치실, 설태 제거기
　　* (문신용 염료) 인체의 피부에 무늬 등을 새기기 위한 피부 착색 물질
　　* 기존 구강관리용품은 비관리제품, 문신용 염료는 환경부의 「생활 화학제품 및 살생물제의 안전관리에 관한 법률」에 따른 안전확인대상 생활 화학제품으로 관리
　　* 「어린이 제품 안전 특별법」에 따른 어린이 칫솔 등을 제외

- 그러나, 화학제품 등에 대한 국민 불안이 고조되면서 정부 합동 '생활 화학제품 안전관리대책'에 따라 안전확인대상 생활 화학제품 중 인체에 직접 적용하는 제품인 문신용 염료는 식약처에서 관리하도록 조정
- 법이 시행 후 사전 안전관리 실시, 지도·점검 등 상시 안전관리 체계 구축으로 안전한 문신용 염료 및 구강관리용품 공급 기대

□ 국내 최초 생약 및 한방(생약)제제의 품질관리 지원 전문기관 '생약안전연구원' 설립 (한약정책과)

- 천연의약품 특성에 맞는 전주기적* 안전관리가 가능한 생약안전연구원 설립

   * 의약품 개발 단계부터 허가·심사·부작용 관리 등에 이르기까지 의약품에 모든 과정을 말함

- 저출산·고령화, 생활방식 등의 변화로 안전한 의약품에 대한 관심이 높아지고 천연물 수요가 증가함에 따라 천연물 관련 시장 지속 성장 중
- 이에 생약 및 한약(생약)제제의 안전성 확보와 국내시장 산업 활성화를 위해 생약의 품질 및 안전관리의 정부 차원 지원체계 구축

   * 생약안전연구원은 부산대 양산캠퍼스(양산시 물금읍) 내 구축 중(2025년 4월 완공 예정)

□ 「디지털의료제품법」 2025년 1월 24일부터 시행 (디지털의료제품 TF)

   * 출처 : 식품의약품안전처 누리집> 보도자료> "「디지털의료제품법」 시행령 및 시행규칙 입법예고 실시"

- 「디지털의료제품법」은 디지털의료제품을 단일 법 체계에서 일관되고 유기적으로 관리하기 위해 제정된 법률로서, 인공지능 등 첨단 디지털 기술이 적용된 디지털의료제품*을 위한 새로운 규제체계 마련의 의미

   * 디지털 의료기기, 디지털융합의약품, 디지털·건강지원기기로 구분

- 시판 전 관리 중심 규제에서 개발과 성능평가 등 전주기 규제로 변화하여, 디지털 기술에 최적화된 규제로서 산업 성장 견인
- 국내 디지털의료제품의 신뢰도 제고 및 안전한 디지털의료제품 사용 환경 조성, 디지털헬스산업에서 우리나라 기업의 경쟁력 제고 기대

□ 맞춤형 건강기능식품 제도 시행 (건강기능식품정책과)

- 개인 생활습관 및 건강상태별 전문가 상담·추천을 통해 다양한 건강기능식품을 소분·조합하여 판매할 수 있는 맞춤형 건강기능식품 제도 시행

  * 「건강기능식품에 관한 법률」 개정(2024.01.02.), 시행(2025.01.03.)

- 맞춤형 건강기능식품 시설 기준, 영업자 준수사항, 맞춤형 건강기능식품 관리사 자격 기준 등의 하위 규정을 입법예고(2024.10) 후, 2025년 1월 3일부터 시행
- (기대효과) 개인 건강상태를 반영한 맞춤형 제품 제공으로 소비자 만족도 제고, 과다 중복·섭취 방지로 이상 사례 예방, 필요한 성분만 제공하는 건강한 삶, 장기적으로 건강증진 효과 기대. 또한, 신시장 창출을 통한 건강기능식품 산업의 성장 및 맞춤형 건강기능식품 관리사 선임을 통한 고용창출도 예상

□ 화장품 안전성 평가 도입 기반 마련 (화장품정책과)

- 소비자 안전을 확보하고 수출규제 장벽에 대응하는 산업 경쟁력 강화를 위해 화장품 안전성 평가* 도입 기반 마련

  * (화장품 안전성 평가) 화장품이 일반적 또는 합리적으로 예상 가능한 조건에서 사용될 때 인체에 안전함을 입증하기 위해 실시하는 평가

- 국제적으로 화장품 안전 규제 강화 추세*로 우리나라 화장품의 글로벌

경쟁력 강화를 위해 2028년 시행을 목표로 안전성 평가 제도 도입 준비

   *유럽(2013년)에 이어 최근 중국(2021년)과 미국(2023년)에서 화장품 안전성 평가 제도 도입

- 2025년에는 안정적 제도 도입 기반 마련을 위해 컨설팅, 가이드라인 및 평가기술 개발 등의 방식으로 업계 지원 예정이며, 지원체계 전담 운영 전문기관 설립도 추진할 계획

- 이를 통해 우리나라 화장품 산업의 역량 강화를 유도하고 국가 브랜드 가치를 제고하여 장기 성장 동력을 확보 도모

□ 유럽 의료기기법(MDR) 시행에 따른 국내 의료기기 업체 수출지원 (의료기기정책과)

- 유럽 의료기기법(MDR) 시행에 따른 유럽 내 의료기기에 대한 안전관리 강화 조치에 대비, 국내 의료기기 업체의 유럽 수출 지원사업 추진

- 이 사업을 통해 유럽 의료기기법(MDR) 및 유럽 의료기기 전문가 그룹 (MDGC) 요구사항 등 관련 규제 정보 가이드라인 제공 및 품목별 해외 인증 사례 주요 사항 정보 제공으로 국내 의료기기의 유럽 시장 진출 지원 계획

- 또한, 유럽 의료기기법(MDR) 관련 맞춤형 교육 등 국내 전문인력 양성 으로 유럽 안전관리 강화 대응 역량 제고

- 수출 의존도가 높은 국내 의료기기 업체들의 신속한 유럽 인허가 획득으로 유럽 수출 활성화 기대

6) 환경부

□ 배출권 위탁거래 도입 (기후경제과)

> * 출처 : 환경부 누리집> 보도·설립> "온실가스 배출권거래제도 개선 … 부산 배출권 시장은 활짝 열고, 과잉 할당은 줄인다."

- 「온실가스 배출권의 할당 및 거래에 관한 법률」 및 법 시행령 개정·시행 (2025.2.)으로 배출권 거래 중개업 도입

- 현재 추진 중인 배출권 위탁거래 중개 시스템 시범사업 등 위탁거래를 위한 시스템 구축 후 위탁거래 시행 예정

- 할당 대상 업체 및 제3자(금융기관 등)는 배출권 거래 중개회사를 통해 배출권 위탁거래가 가능하며, 기존에는 배출권거래소(한국거래소)를 통한 직접 거래만 가능했다면, 배출권거래중개회사로 등록한 증권사의 홈 트레이딩 시스템(HTS)을 통해 편리하게 거래 가능

- 배출권 위탁거래가 도입되고 시장 참여자가 단계적으로 확대되면, 배출권 거래량이 늘어나고 거래시장이 활성화될 것으로 기대

□ 중소·중견기업 성장 지원을 위한 녹색전환보증 시행 (녹색산업혁신과)

> * 출처 : 환경부 누리집> 보도·설명> 녹색전환보증 시행 관련 보도자료

- 녹색산업 분야 담보력이 열악한 중소·중견기업이 기업 성장에 필요한 자금을 원활하게 조달할 수 있도록 보증*을 제공하는 녹색전환보증 사업 시행

> * 보증이란 신용·담보 부족으로 대출을 받을 수 없었던 기업의 성장성·기술성 등을 평가하여 담보의 일부분을 보증기관이 보증서 발급으로 분담하는 것을 말함

- 지원 분야 : 기업의 온실가스 감축 활동 외 물·대기·폐기물 등 녹색산업 전반의 활동 포함, 지원대상*으로 선정되는 경우 최대 100%까지 보증 제공

* 녹색전환보증 상담·신청은 신용보증기금·기술보증기금 영업점 또는 누리집 통해 가능

- 중소·중견기업의 저탄소 전환 및 성장을 지원함으로써 탄소중립 사회로의 이행 촉진 및 녹색산업 육성 기여할 것으로 기대

□ 공공부문 「바이오가스 생산목표제」 시행 (생활하수과)

* 출처 : 환경부 누리집> 보도·설명> "2050년까지 하수 찌꺼기 등 유기성격자원 80% 바이오가스로 생산한다"

- 2025년 1월부터 「유기성 폐자원을 활용한 바이오가스의 생산 및 이용 촉진법」에 따라 공공부문 바이오가스 생산목표제 시행

- 공공 의무생산자는 전국 지자체이며, 처리 책임이 있는 유기성 폐자원(하수 찌꺼기, 분뇨, 가축분뇨, 음식물류폐기물)을 활용하여 생산목표*(2025년 50%)만큼 바이오가스 생산

* (공공) 2025년 50% - 2045년 80% (민간) 2026년 10% - 2050년 80%로 단계적 확대

- (생산목표제) 공공·민간 의무생산자의 유기성 폐자원의 배출·처리량에 대하여 일정량 이상의 바이오가스 생산 의무 부여 제도

- 의무생산자는 시설 설치 등을 통한 ①직접생산, 타 바이오가스 생산시설 처리 위탁을 통한 ②위탁생산, 바이오가스 ③생산실적 거래 등으로 생산목표 달성

- (의무생산자 제도 이행 지원) 2024년 바이오가스센터 개소 및 바이오가스 업무 전주기 통합관리 플랫폼 「바이오가스 종합정보시스템」 1차 구축* 완료

* 2024년: 명세서 작성 및 검토 기능, 2025~2026년: 거래 기능 등 고도화

- 제도 시행으로 유기성 폐자원의 적정처리 유도, 화석연료(LNG) 대체, 온실가스 감축을 통해 탄소중립 실현에 기여할 것으로 기대

□ 유해 화학물질 위험도 등에 따른 안전관리 체계 개선 (화학안전과)

> * 출처 : 환경부 누리집> 보도자료> "화평법·화관법 등 5개 환경법안 국회 통과"

- 유해 화학물질 취급시설 영업허가 및 검사 제도가 2025년 8월 7일부터 위험도 및 취급량에 따라 차등적으로 적용
- (기존) 유해 화학물질 취급시설의 경우 취급량과 관계없이 영업허가 일률 적용 → (변경) 소량 취급하는 시설은 영업허가 대신 영업신고로 변경
- (기존) 영업허가 여부에 따라 1년(또는 2년)을 주기로 취급시설에 대하 여 정기검사 실시 → (변경) 취급시설 취급량·위험도에 따라 정기검사 주기 차등화(1~4년) 적용

□ 탄소중립포인트제 인센티브 지급항목 개편 (기후적응과)

- 2025년부터 탄소중립포인트제 인센티브* 지급항목 개편

> * 탄소중립·녹색성장 기본법 제67조 제3항

- 현행 10개 인센티브 지급항목으로 운용 중. 탄소중립 실천 문화 확산 주 역인 청년세대 혜택 강화, 참여 독려를 위해 '자전거 이용' 및 '잔반제로 실천' 등 2가지 항목 추가.
- 또한, 효율적 제도 운영을 위해 인센티브 항목 단가 일부 조정
- 탄소중립포인트제도 운영에 관한 규정(환경부 고시)은 2025년 2월 중 개정(예정)하여 고시한 날부터 시행 예정

〈「탄소중립포인트 제도 운영에 관한 규정」(환경부 고시)〉

주요내용	실천항목	지급단가		실천항목	지급단가
현행 (10개 항목)	1. 전자영수증 발급	100원/회	**개선 (12개 항목)**	1. 전자영수증 발급	50원/회
	2. 텀블러 이용	300원/개		2. 텀블러 이용	300원/개
	3. 일회용컵 반환	200원/개		3. 일회용컵 반환	200원/개
	4. 리필스테이션 이용	2,000원/회		4. 리필스테이션 이용	2,000원/회
	5. 배달 다회용기 이용	1,000원/회		5. 배달 다회용기 이용	2,000원/회
	6. 무공해차 대여	100원/km		6. 무공해차 대여	100원/km
	7. 친환경제품 구매	1,000원/건		7. 친환경제품 구매	1,000원/건
	8. 고품질 재활용품 배출	100원/kg		8. 고품질 재활용품 배출	100원/kg
	9. 폐휴대폰 수거	1,000원/건		9. 폐휴대폰 수거	1,000원/건
	10. 미래세대실천행동	기후행동 1.5℃		10. 미래세대실천행동	기후행동 1.5℃
				11. 공영 자전거 이용	신규추가
				12. 진반제로 실천	신규추가

시 행 일 2025년 2월(예정)

□ 폐수관로 기술진단 의무화 (수질수생태과)

* 출처 : 환경부 누리집> 법령·정책> 현행법령> 물환경보전법

- 폐수관로 노후화로 발생 가능한 싱크홀 등 사고 사전 예방을 위해 2025년 1월 24일부터 폐수관로 기술진단 의무화(물환경보전법, 2024년 1월 개정)

  * 물환경보전법 제50조의2에 따라 공공폐수처리시설을 설치·운영하는 자는 폐수관로의 관리 상태를 점검하기 위하여 5년마다 기술진단을 실시하여야 함

- 폐수관로(산업단지 조성 시 매설되어 교체·정비 없이 사용 중인 것이 대부분) 노후화가 심화될 경우, 폐수 누수, 지하수 유입 등으로 수질오염 사고와 싱크홀 등의 문제 발생 우려

- 앞으로는 공공폐수처리시설 설치·운영자는 폐수관로 기술진단 의무 실시하고, 진단 결과 관리상태가 적정하지 아니한 때에는 개선계획 수립 및 시행 등 필요한 조치 강구 필요

7) 산업통상자원부

□ 산업단지 태양광 등 신재생에너지 사업 지원 (입지총괄과)

- 산업단지 관리기관이 입주기업체의 신재생에너지 시설 개선, 확충, 공급 확대 등을 지원하고, 신재생에너지 이용 및 보급 촉진을 위한 시설 설치 사업자에게 국가 또는 지방자치단체가 필요한 비용을 일부 지원할 수 있도록 「산업집적활성화 및 공장설립에 관한 법률」 개정
- 한국산업단지공단, 지자체 등 산업단지 관리기관은 2025년부터 공공주도 산단 태양광 사업을 통해 신재생에너지 설치와 관련한 제도 개선, 컨설팅, 수요발굴 등 입주기업 신재생에너지 설치 보급 확대를 위한 지원 사업 시행
- 또한, 산업단지 구조고도화사업 시행자가 신·재생에너지 이용 및 보급 촉진을 위한 사업 수행 시, 국가 또는 지방자치단체가 필요한 비용 일부 지원하도록 산업단지 친환경 전환 가속화
- 「산업집적활성화 및 공장설립에 관한 법률」은 2024년 9월 개정, 2025년 3월 시행 예정

8) 중소벤처기업부

□ 소상공인 스마트·디지털화 지원 (디지털소상공인과)

- 성장성 있는 소상공인 대상 스마트·디지털 기술 접목으로 경쟁력 강화
- 서빙로봇, 키오스크* 렌탈 비용의 70% 정부 지원 추진

  * 키오스크는 장애인차별금지법 개정 시행에 따라 장애인·노약자의 접근이 용이한 "접근성 보

장(Barrier-Free) 키오스크만" 지원

- 온라인 쇼핑이 가능한 '디지털 전통시장', 전통시장 디지털 역량 단계별
  맞춤형 지원체계 구축

   * 1단계 첫걸음(디지털 기초역량·상인조직화) → 2단계 고도화(온라인 입점·근거리 물류) →
     3단계 확산(고유상품 개발·전국 물류) → 4단계 글로벌(해외플랫폼 입점 및 수출 물류)

- 분야별 탑티어 민간 플랫폼社의 유망 브랜드 소상공인 직접 발굴, 밀착
  지원

9) 특허청

□ 특허·실용신안 우선심사 신청대상 확대 (특허제도과)

- 첨단기술과 관련된 특허·실용신안등록출원에 대해 다른 출원보다 우선
  하여 심사받을 수 있는 우선심사 신청대상 확대
- 반도체, 디스플레이 기술 분야 우선심사 신청대상이 소재·부품·장비,
  제조, 설계, 성능 검사·평가 기술로까지 확대(2024년 11월 1일 이후 우
  선심사 신청된 출원부터 적용)
- 또한, 이차전지 기술 분야 우선심사 신청대상도 소재·부품·장비, 제조,
  설계에 성능 검사·평가, 제어관리, 재활용 기술로까지 확대될 계획이며,
  바이오, 첨단로봇, 인공지능 기술 분야도 우선심사 신청대상 신규 반영
  (2025년 2월 중 특허청 공고)

□ 특허·실용신안 발명자 정정 제도 개선 (특허제도과)

- 특허 출원인은 특허결정 때부터 설정등록 전까지는 발명자 추가 불가능
  하며 발명자의 동일성이 유지되는 경우*에만 발명자 정정 가능

* 발명자의 개명, 단순 오타, 주소변경, 외국인의 경우 음역 상의 차이 등

- 심사절차 중에 발명자를 정정하려는 경우, 정정 이유를 기재한 설명서와 특허 출원인 및 정정의 대상 발명자가 서명 또는 날인*한 확인서류 제출

* 예) (정정 전) 발명자 장영실, 홍대용 → (정정 후) 발명자 장영실, 지석영
[확인서류] 특허 출원인 및 홍대용, 지석영의 서명/날인 필요

10) 국토교통부

□ **드론·로봇 택배 물품 배송 시행 (생활물류정책팀)**

- 택배서비스사업 시, 화물차 외 드론과 실외 이동 로봇 이용 물품 배송 가능

- 등록제로 운영되는 택배서비스사업에서 드론과 실외 이동 로봇 이용을 위해 구체적인 등록 요건을 정하는 「생활물류법 시행령」 개정

- 드론을 이용하는 경우, 항공사업법에 따른 초경량비행장치사용사업 등록 및 운행 요건 구비 必

- 실외 이동 로봇 이용 시에는 지능형로봇법에 따라 운행 안전 인증 취득 및 보험 또는 공제에 가입하여 해당 기기 운용

- 이를 통하여 신 모빌리티 시대 기업의 물류분야 경쟁력 강화와 물품 배송에 어려움이 있던 도서 지역 택배 서비스 품질 개선 도움이 될 것으로 예상

□ **공공 건축물 제로에너지 건축물 인증 의무등급 상향 (녹색건축과)**

- 제로에너지건축물*(이하 ZEB) 의무화 로드맵에 따라 2025년부터 일부 공공 건축물 대상 제로에너지 건축물 인증제 강화

* (제로에너지건축물) 건축물에 필요한 에너지 부하를 최소화하고 신재생에너지를 활용하여 에너지 소요량을 최소화하는 건축물

- 1천m^2 이상, 17개 용도에 해당하는 공공건축물은 제로에너지건축물 인증 4등급 이상으로 강화

- (기존) 제로에너지건축물 5등급(에너지자립률* 20% 이상)

    → (변경) 제로에너지건축물 4등급(에너지자립률 40% 이상)

    * 단위면적당 1차 에너지 소요량 대비 단위면적당 1차 에너지 생산량

- 공공건축물 ZEB인증등급 강화로 건물부문 온실가스 감축 및 관련 산업·기술 발전에 기여 예상

□ **디지털 트윈국토 기반 공장 인허가 사전진단 서비스 제공 (국가공간정보센터)**

- 국민이 체감하는 디지털 플랫폼 정부 실현하기 위해 디지털 트윈국토 기반의 공장 인허가 사전진단 온라인 서비스 2025년 2월 시행

    * (산업부) 공장 인허가 신청/허가, (국토부) 디지털 트윈국토 기반 사전진단 서비스

- 이 서비스가 제공되면 공장설립 사이트(www.factoryon.go.kr)*를 통해 토지, 건축, 환경 등 공장 인허가 시 고려해야 하는 법령, 규제 정보 쉽게 파악 가능

    * 산업부에서 전국 공장의 신청, 변경, 등록 등을 관리하기 위해 운영 중인 시스템

- 확인된 정보를 바탕으로 업종별 최적 입지 추천 및 공장 인허가 전 공장을 가상으로 건축해 볼 수 있는 시뮬레이션 서비스도 제공

- 이를 통해, 공장 설립에 필요한 서류 준비, 절차 수행 단계에서의 어려움과 시간, 비용을 획기적으로 절감할 것으로 기대

□ **전기차 배터리 안전성 인증제 및 이력관리제 시행 (자동차정책과)**

- 배터리 인증제(정부의 전기차 배터리 안전성 사전 인증)와 배터리 이력 관리제(개별 배터리에 식별번호 부여로 전주기 이력관리) 시행(2025년 2월 17일)

- 배터리 인증제는 모든 전기차에 장착되는 배터리 안전성을 제작사가 스스로 인증하는 자기인증 방식에서 정부가 직접 사전에 안전성 인증 방식 으로 개선

- 또한, 자동차 등록 시 배터리 식별번호 등록 관리하는 배터리 이력관리 제로 배터리 제작부터 폐기까지 배터리 안전성 관련 전주기 이력관리 기 반 마련

- 전기차에 탑재되는 배터리 안전 관리체계 강화 기대

11) 농림축산식품부

□ **산업단지 내 수직농장 입주 허용 (스마트농업정책과)**

- 산업부·국토부 협업으로 전국 1,315개 산업단지 내 건축물 형태 수직농 장 (또는 식물공장) 입주 법적 근거 마련(2024년 11월 12일 시행)

- 그동안 산업단지는 제조업, 지식산업 등을 입주대상으로 하고 있어 농작 물 재배 '농업'에 해당하는 수직농장 입주가 허용되지 않았으나, 산업부, 국토부가 산업집적법 및 산업입지법 시행령을 개정(2024.11.12.)하여 수직농장의 산업단지 입주 자격 취득 가능

- 앞으로 지자체 등 산업단지 관리기관에서 수직농장을 입주대상 업종에 포함하도록 관리 기본계획 등 변경 가능

- 농림축산식품부는 국가식품클러스터(익산)와 농공단지 입주, 투자 희망 수직농장 기업들의 입주 지원 계획
- 따라서, 고품질 원료·소재 농산물을 수직농장에서 연중 안정적으로 생산하고, 인접 공장은 부가가치가 높은 가공 제품을 제조하여 물류·에너지 효율화 등 타 산업과의 동반 상승효과도 창출 여건 조성

□ **농업용 지게차, 건설기계에서 농업기계로 전환 (첨단기자재종자과)**
- 농업에 활용되는 2톤 미만 지게차가 건설기계에서 제외되고 농업기계로 포함

  * 현재 지게차는 용도와 무관하게 건설기계로 분류되며, 건설기계관리법상 규제를 받으며, 각종 농업기계 혜택에서 배제

- 이에 따라, 농업용 지게차 농업기계 전환을 통해 건설기계관리법상 정기검사 및 과태료 등 규제 완화 및 농업기계 구입 시 융자, 보조, 취·등록세 면제(3.4%), 농업기계 임대 등 혜택을 받을 수 있어 농업인 부담 감소

□ **수직농장 농지 입지규제 완화 (농지과)**
- 2025년 1월 3일부터 수직농장의 집적화 및 규모화를 위해 계획적 입지 내 모든 형태 시설은 농지 전용 절차 없이 설치 가능

  * 「농지법 시행령」 시행(2025. 1. 3.)

- 기존에는 ICT 기술과 결합한 비닐하우스 또는 고정식 온실 형태 수직농장만 별도 절차 없이 농지 위에 설치가 가능하고, 가설건축물 형태 수직농장은 최대 16년*까지 일시적으로 사용한 후 철거해야 하고, 건축물 형태는 농업진흥지역 밖에서 농지 전용 절차를 거쳐야만 설치 가능

  * 「농지법 시행령」 시행(2024. 7. 3.) : 타용도 일시사용 기간 확대(8년→16년)

- 앞으로 일정 지역* 내 모든 수직농장은 전용 등 별도 절차 없이 설치 가능

  *「농촌공간재구조화법」에 따른 농촌특화지구(농촌 융복합산업지구, 농촌산업지구) 또는 「스마트농업법」에 따른 스마트농업 육성지구

- 이를 통해 혁신적인 농업기술 확산과 기후변화 등에 대응하여 농산물 수급 안정 기여 기대

12) 방위사업청

□ **소기업·창업기업 등에 대한 입찰참가 지원 및 방산기업 재정부담 완화 (방위사업정책국)**

- 방산분야 입찰참가 업체 적격심사*(10억 이상 물품) 시 소기업·소상공인 및 창업기업의 과거 납품실적 인정 기간이 3년에서 5년으로 확대

  * 경쟁입찰을 통한 물품 제조·구매계약의 낙찰자 결정에 적용하는 계약이행능력 심사기준

- 방산기업 재정부담 완화를 위해 계약대금 신속 지급, 보증서 발급기관 확대

- 계약 이행 후 정산원가가 계약금액을 초과한 경우, 수정계약 체결 절차를 거쳐 지급하던 정산유보금을 수정계약 체결 전 조기 지급 가능

- 또한, 계약 관련 지체상금 부과 유보를 위해 기업 제출 보증서 발급기관 금융기관에서 공제조합까지 확대

2. 중소벤처기업부 주요 분야별 지원 내용 분석 및 해설

가. 창업 분야 : 창업진흥원

1) 주요 사업 분야

- 2025년 창업 분야 주요사업으로는 '창업 사업화', '창업 교육', '해외 진출', '행사·네트워크', '창업 인프라', '조사연구' 부문이 있으며, 각 분야별 사업은 창업 준비 단계로부터 시작하여, 사업화까지 창업 전주기에 걸쳐 분야별 지원함

2) 성장단계별 창업기업 지원체계 구축

- 성장단계 : 창업준비(예비~1년) / 창업초기(1~3년) / 창업성장(3~7년)

3) 분야별 창업기업 지원 프로그램

▢ 창업 사업화 지원
- 예비창업패키지 지원사업, 초기창업패키지 지원사업, 창업도약패키지
  지원사업, 재도전성공패키지 지원사업, 초격차 스타트업 1000+ 육성사
  업, 민관공동 창업자 발굴육성(TIPS), 창업중심대학

▢ 창업 교육
- 청소년비즈쿨, 창업에듀

▢ 창업 인프라
- 지역거점 창업 허브(1인 창조기업 지원센터, 중장년 기술창업센터), 창

업존, 메이커스페이스

□ 해외 진출

- 글로벌 액셀러레이팅, K-스타트업센터(KSC), 글로벌기업 협업 프로
그램

□ 행사, 네트워킹, 경진대회

- 도전! K-스타트업, 민관협력 오픈이노베이션, K-스타트업 그랜드 챌
린지

※ 중앙부처, 중소벤처기업부 및 지방자치단체 창업지원사업은 'K-STARTUP
창업지원포털(www.k-startup.go.kr)'에서 상세 공고 참조

나. 기술개발(R&D) 분야 : 중소기업기술정보진흥원

1) 기술개발(R&D) 지원 개요

□ 총 예산 규모

- '25년 27개 사업, 1조5,214억 원(국회 확정 예산 기준)
- '24년 1조4,097억 원 대비 1,117억 원 증가(+7.9%)

※ 기재부 소관 기후기금 제외 시, 1조5,169억 원('24년 대비 +1,237억
원, +8.9%)

□ 예산 특징

- 저변확대 위주 중소·벤처기업 R&D를 혁신형 강소기업을 육성하는 수월성 중심 R&D로 전환

□ 투자 방향

- 국가전략기술 집중 지원, 글로벌 협력 강화 등 '중소벤처기업 R&D 혁신 방안'에 따라 도전·혁신적 R&D에 투자 강화

※ 중소기업(R&D) 지원 연혁
- '97년 중소기업 기술혁신개발 예산 300억 원을 시작으로, '25년 중소기업 R&D 지원 예산 1조5,214억 원까지 50배 이상 성장

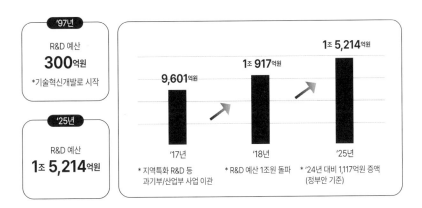

2) 기술개발(R&D) 중점 추진 방향(2025년)

□ 비전 & 목표

- 비전 : 중소기업 기술혁신 생태계 구축

- 목표 : 글로벌 기술기업 육성을 통한 양질의 일자리 창출 및 성장동력
  확보

□ 추진전략 & 추진과제

〈추진전략 1〉시장에 도전하는 혁신적 R&D

① 추진과제 1 : 신규과제 전략성 강화(1,172억 원)

• 기술혁신 : 기술 패권 경쟁 우위 확보를 위한 국가전략기술 및 탄소중
  립 분야 대상 지원 비중 확대

• 창업성장 : 팁스 신규과제 중 전략기술 분야의 비중을 확대하는 한편,
  과기부 창업기업 지원사업과 연계를 통해 전략성 강화

② 추진과제 2 : 목표달성형 R&D로 전환 (51억 원)

• R&D 목표 설정 : 과제 신청 시 기술적·사업적으로 타당한 R&D 목표
  를 설정하도록 하고, 이를 검토하여 실효성 없는 R&D 방지

• 시장 수요 맞춤형 R&D 지원 및 사업화 실효성 제고를 위해 주관적인
  목표가 아닌 객관적인 인증, 실증 기반 R&D 추진

③ 추진과제 3 : 중소기업 R&D 기준단가 설정

• 기술혁신 - 2년 이상 연구기간 / 5억 원 이상

• 창업성장 - 최대 1.5년 / 2억 원

• 산학연 COLLABO - 최대 2년 / 10.4억 원

※ [중소벤처기업 R&D 혁신방안('24.6월)]을 통해 향후 중소기업 R&D
  지원사업은 원칙적으로 최대 기간 2년 이상, 최대 금액 5억 원 이상 기
  준을 적용하기로 결정

〈추진전략 2〉 R&D 생태계를 혁신하는 네트워크 R&D

① 추진과제 1 : 중소벤처기업 R&D 글로벌화 추진(302억 원)

- 글로벌 협력 : 글로벌 선도 연구기관과 공동연구를 통해 과제를 기획하고, 실제 R&D로 이어지는 글로벌 협력형 프로그램 신설
- 글로벌 트랙 : 팁스, 스케일업 팁스 등 민간투자 연계형 프로그램에 글로벌 트랙을 신설, 해외진출이 필요한 기업의 혁신역량 제고 및 지원

② 추진과제 2 : 파급력 있는 협력을 지원하는 R&D 신설(84억 원)

- 효과 확산형 공동 R&D : 산업현장에 적용 가능한 공급기술을 개발하고, 다수의 수요 기업에 실증·보급까지 원스톱으로 지원
- 기술이전·사업화 R&D : Tech-bridge 플랫폼을 통해 국가전략기술 분야 기술이전을 받은 기업에 후속 상용화 기술개발자금 지원

〈추진전략 3〉 재정투입을 효율화하는 R&D

① 추진과제 1 : 중소기업 R&D 기획 역량 보완(451억 원)

- 산학연 Collabo : 중소기업이 다양한 대학·연구기관과 협업하여 R&D 역량을 제고할 수 있는 컨소시엄형 과제 트랙 신설
- 역량강화 교육 : 중소기업의 R&D 기획 역량을 제고할 수 있도록 지역별 R&D 기획 워크숍과 R&D 역량강화 교육 콘텐츠 제작 추진
- 컨설팅 : 신규과제 신청 기업이 민간 컨설팅 업체를 이용하는 실태를 주기적으로 파악하여 효과적인 R&D 기획 역량 제고 방안 마련
- 투자연계 : 민간 VC의 투자와 연계한 팁스 프로그램 내 창업기업의 글로벌화 및 전략분야 기술개발 지원 비중을 단계적으로 확대

3) 기술개발(R&D) 지원 성과

☐ 중소기업 R&D 지원사업이란?

- 중소기업의 신기술 신제품 개발 소요 비용을 지원하여 기업의 기술경쟁
  력 향상을 도모하는 지원사업

☐ 최근 5년간 지원 성과

- '18년~'22년까지 주요 5개 사업 분석(2023년 중소기업 R&D 성과 조사
  결과)

구분	성과	투입대비 성과	일반 중소기업 등과의 비교	
고용	146,063명	4.4명 (1억 원당)	고용유발계수 대비 (10억 원당 7,29명) 6.1배 일자리 창출 효과 * R&D 인력 74,614명 (중복인원 포함)	신규고용 총 14만 6,063명 R&D인력 74,614명
매출	19조 원	5.81억 원 (정부지원 1억 원당)	전년도 100억 이상 매출 중소기업 91개사 (총 매출액 1.9조)	총 매출 성과 19조원 19조 원　91개사 총 1조 9천억원 매출 100억 이상 중소기업
수출	31.2억 달러 (3.74조 원)	7.00억 원 (정부지원 1억 원당)	지원 기업의 매출액 대비 수출액 비중(19.3%)이 중소 제조업 평균(7.5%)의 2.6배	세계 시장 진출 최초 수출기업 743개社
특허	29,454건 출원 : 18,663건 등록 : 10,791건	2.1건 (과제당)	국가 R&D 등록 특허 중 중기부 R&D를 통한 실적 비중 증가 추세	특허 29,454건 국가 R&D 등록특허 중 중기부 R&D를 통한 실적 비중이 증가 7.3% 8.2% 7.9% 8.0% 8.4% 2018년 2019년 2020년 2021년 2022년

□ 중소기업 R&D 우수사례

투자
연계
	□ 총 6,289억 원의 누적 후속투자(정부출연연금 대비 2.5배) 유치 및
	코스닥(코넥스 포함) 상장 24개社 성과('20~'24)
	- '22년 팁스 선정(500개사, 2,475억 원 지원) 후 '24.10월까지
	  민간 후속투자를 유치한 257개사의 누적 금액
	○ 생성 AI 기반 데이터 매칭 자동화 서비스 개발 기업:
	  뤼○○○○○○스
	- 개인화된 검색 증강 모델과 질문 생성 알고리즘을 활용한
	  작문 보조 시스템 개발
	  역량을 인정받아 매쉬업벤처스, 캡스톤파트너스, 제트벤처캐피탈
	  등으로부터 누적 428억 원 후속투자 유치 및 신규 고용 64명 창출
	  ('23년 말 기준)
	- 세계경제포럼(WEF) Technology Pioneer 선정('24),
	  혁신 스타트업 수상('23), 대한민국 산업훈장('23),
	  중소기업 대상('23)
		창업성장/TIPS
		(2년, 5억 원)

핵심
분야
	□ 바이오헬스, 항공•우주, 시스템반도체 등 미래 성장동력 분야
	  선도기술 발굴
	○ 박테리아 신속검출 솔루션 개발 : 파○○트
	- 빅데이터 처리 및 노이즈캔슬링 기술 등 독창적인 아이디어
	  노하우를 활용하여 신속하게 수질을 검증할 수 있는
	  글로벌 수준의 휴대용 수질 측정 기술 개발
	- 국내외 특허출원(총 6건), 美 CES 혁신상 수상('23),
	  Edison Awards 금메달('24)
		기술혁신/시장확대
		(3년, 12.5억 원)

친환경	□ 친환경 에너지 등 탄소중립 분야 유망기업 육성 ○ 친환경 제설제 개발: 스○○○크 - 불가사리를 이용하여 기존 염화칼슘으로 만들어진 제설제 개발로 `17년 창업 및 기술개발 이후 지속적 매출 성장 - ('18)14억 원 → ('22)175억 원 → ('24)276억 원	창업성장/TIPS (2년, 5억 원)

다. 자금 분야 : 중소벤처기업진흥공단

1) 정책자금 융자 지원 개요

□ 정책목적

- 민간금융 부문의 시장실패를 보완하고, 정책적 육성이 필요한 기술·사업성 우수 중소벤처기업에 안정적 자금을 지원하여 중소벤처기업 경쟁력 강화 및 미래 성장동력 창출

□ 정책방향

- 자금 우선지원 : 고용, 수출, 매출 등의 성과창출 기업 / 시설투자 기업 / 혁신 성장분야 등 중점 지원 분야 영위 기업
- 장기·저리 자금 지원 : 중소기업의 생산성 향상 + 장기적인 구축 지원
- 기술·사업성 평가를 통한 미래 성장 가능성이 높은 기업에 직접·신용 대출 위주
- 수도권/지방 균형 : 지역기업 활력 제고를 위한 목표 설정 (수도권 40% + 지방 60%)

□ 융자 대상 : 「중소기업기본법」상의 중소기업

- 세부사항은 각 사업별 융자 계획에서 규정하고, 주된 사업의 업종이 융자제외 대상 업종에 해당하는 경우에는 융자 대상에서 제외

2) 정책자금 융자 지원 규모

- 총계 : 45,280억 원(이차보전 6,027억 원 별도)

사업	지원규모 (억)	내역사업	금리	대출기간
혁신창업 사업화자금	16,358 (이차보전 1,526 별도)	창업기반지원자금	정책자금 기준금리 - 0.3%p	시설 10년(4년 또는 3년) 운전 5년(2년)
		개발기술사업화자금	정책자금 기준금리	시설 10년(4년 또는 3년) 운전 5년(2년)
신시장진출 지원자금	3,825 (이차보전 2,000 별도)	내수기업수출기업화	정책자금 기준금리	운전 5년(2년)
		수출기업글로벌화	정책자금 기준금리	시설 10년(4년 또는 3년) 운전 5년(2년)
신성장 기반자금	13,111 (이차보전 2,501 별도)	혁신성장지원자금	정책자금 기준금리 + 0.5%p	시설 10년(4년 또는 3년) 운전 5년(2년)
		제조현장스마트화	정책자금 기준금리	시설 10년(4년 또는 3년) 운전 5년(2년)
		NET-ZERO 유망기업 지원	정책자금 기준금리 + 0.5%p	시설 10년(4년 또는 3년) 운전 5년(2년)
		스케일업금융	별도 발행 금리	5년
재도약 지원자금	7,501	사업전환자금	정책자금 기준금리	시설 10년(4년 또는 3년) 운전 6년(3년)
		구조개선전용자금	정책자금 기준금리	시설 10년(4년 또는 3년) 운전 5년(2년)
		재창업자금	정책자금 기준금리	시설 10년(4년 또는 3년) 운전 6년(3년)
긴급경영 안정자금	2,500	재해중소기업지원	1.9% 고정	운전 5년(2년)
		일시적 경영애로	정책자금 기준금리 + 0.5%p	운전 5년(2년)
밸류체인 안정화자금	1,985	동반성장네트워크론	정책자금 기준금리 - 0.3%p	30일~365일
		매출채권팩토링	연 4% 내외	30일~90일

3) 정책자금 세부사업 1 : 운전자금

□ 업력별 세부사업

- 창업기반지원자금 : 업력 7년 미만 전체 중소기업 대상

- 재창업자금 : 업력 7년 미만 기업 중, 재창업(준비) 기업으로 성실경영평

가 통과 기업

- 혁신성장지원자금 : 업력 7년 이상 전체 중소기업 대상

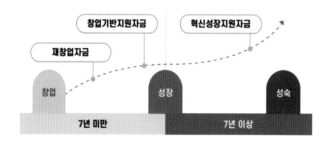

□ 업력무관 세부사업

- 기술개발사업화자금(융자, 이차보전) : 특허, 정부 R&D 등 보유기술 사
  업화 추진 기업
- 제조현장스마트화자금(융자, 이차보전) : 스마트공장 도입 추진 기업 등
- Net-Zero 유망기업지원자금(융자, 이차보전) : 탄소중립 기술 사업화 기
  업 등
- 내수기업수출기업화: 내수, 수출초보기업(수출 10만 불 미만)
- 수출기업글로벌화(융자, 이차보전) : (융자) 수출유망기업 (이차보전) 수
  출 10만 불 이상
- 긴급경영안정자금 : 일시적 경영애로 기업 / 자연재해, 사회재난 피해 기업
- 사업전환자금 : 사업전환계획 승인(5년 미만) 기업
- 구조개선전용자금(일반, 선제적자율구조개선) : 위기징후 중소기업 등
※ 스케일업금융, 매출채권팩토링, 동반성장네트워크론은 별도 공고

4) 정책자금 세부사업 2 : 시설자금

□ 업력별 세부사업

- 창업기반지원자금 : 업력 7년 미만 전체 중소기업 대상
- 재창업자금 : 업력 7년 미만 기업 중, 재창업(준비) 기업으로 성실경영평
  가 통과 기업
- 혁신성장지원자금: 업력 7년 이상 전체 중소기업 대상

□ 업력무관 세부사업

- 기술개발사업화자금 : 특허, 정부 R&D 등 보유기술 사업화 추진 기업
- 제조현장스마트화자금(융자, 이차보전) : 스마트공장 도입 추진 기업 등
- Net-Zero 유망기업지원자금(융자, 이차보전) : 탄소중립 기술 사업화 기
  업 등
- 수출기업글로벌화 : 수출유망기업(수출 10만 불 이상)
- 사업전환자금 : 사업전환계획 승인(5년 미만) 기업
- 구조개선전용자금(선제적자율구조개선) : 위기징후 중소기업 등

5) 정책자금 주요 변경사항(2025년)

□ 수출 중소기업 지원 확대

① 신시장진출지원자금 확대

- 수출 중소기업 지원 규모 확대 ('24년) 1,894억 원 → ('25년) 3,825억 원
- 관세, 무역정책 등 대외불안정성 대비 위한 예비 재원 10% 운영

② 해외법인 설립 운영 지원

- 지원대상 : 해외법인을 보유한 국내 중소기업 / 해외법인 설립을 추진하는 국내 중소기업
- 지원규모 : 600억 원(신시장진출지원자금)
- 지원방식 : 직접대출, 성장공유형 대출
- '25.3월 추진공고 예정

□ **마일스톤 방식 자금 신설('25년 신설, 200억 원 규모)**

- 사업개요 : 소기업의 성장 촉진을 위해 소진공·중진공 연계하여 지원하는 마일스톤 방식 신설
- 지원대상 : "소상공인 졸업 후보 기업" 中 소진공 전용 자금 지원받은 이후 소기업으로 성장한 기업

　　※ 소기업 매출 상한의 30% 이상 매출 발생 & 근로자 3~4인 보유 소상공인

- 대출 기본조건 : 최대 8억 원, 2년 거치 3년 분할상환
- 대출 추가조건 : (1년) 기업평가 후 대출한도 결정 (2~3년) 매출고용 달성 여부 확인 후 별도 평가 없이 한도 내 추가 대출

※ '25년 하반기 시행으로 추후 공고 예정

6) 정책자금 기준금리(2025년)

- 정책자금 기준금리*(분기별 변동)에서 자금 종류, 신용위험등급, 담보 종류, 우대조건에 따라 가감

　　※ 중진공 누리집(www.kosmes.or.kr) 알림광장 - 공지사항에서 확인

□ 기준금리 : 2025년 1분기 기준 3.15%

□ 사업별 기준금리 그룹

구분	자금명	사업별 기준금리
A그룹	혁신창업사업화자금[창업기반지원]	정책자금 기준금리 – 0.3%p
B그룹	혁신창업사업화자금[기술개발사업화] 재도약지원자금[재창업, 사업전환, 구조개선전용] 신시장진출자금[내수기업수출기업화, 수출기업글로벌화] 신성장기반자금[혁신성장지원(협동화, 국가핵심기술 보유 기업), 제조현장스마트화]	정책자금 기준금리
C그룹	신성장기반자금[혁신성장지원, Net-Zero 유망 기업] 긴급경영안정자금[일시적 경영애로]	정책자금 기준금리 + 0.5%p

※ 이차보전 금리 : [신성장, 신시장] 민간금융 대출금리 –2~3%p
　　　　　　　　 [기술개발사업화(중소기업 R&D 이차보전) 1사분기 중 별도 공고 예정

7) 정책자금 지원 절차

('Part 3. 정책자금' 편 중소벤처기업진흥공단 대출 부분 참조)

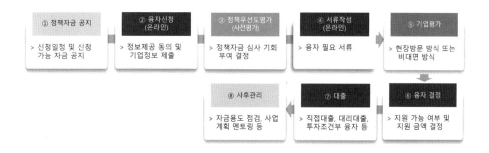

□ 정책자금 융자 신청 및 접수

- 융자 신청은 '융자 신청(온라인) → 정책우선도 평가 → 신청서류 작성'
  순으로 진행되며 정책자금 신청 희망 기업은 전월 접수기간 내 온라인

기업정보 입력

- 사업전환자금, 구조개선전용자금, 긴급경영(재해), 화재 등 대형 사고 피해 기업, 레전드 50+ 선정 기업(유효기업 내)의 경우 수시 접수 가능

융자신청	정책우선도 평가	신청서류 작성
• 정책자금 희망 기업은 신청기간 내 신용정보동의 및 사전기업진단, 기업정보 제출 ※ 신청내용을 허위로 작성한 기업은 확인한 날로부터 1년간 정책자금 신청 제한	• 중점지원(혁신성장 등) 분야, 고용창출, 기술경영혁신, 글로벌화, 정책우대, 성장잠재력 등을 고려하여 평가 ※ 지역본(지)부별 예산 및 신청물량을 고려하여 정책우선도 평가를 통해 정책자금 심사 기회 부여 여부 결정	• 정책자금 심사 기회가 부여된 기업은 정해진 기한까지 중진공 누리집을 통해 정책자금 융자 서류 제출 ※ 신용대출 또는 담보대출 조건으로 신청이 가능하며, 보증서는 취급 불가 (단, '신용회복위원회 재창업지원' 자금 및 금융기관을 통해 융자하는 대리대출은 보증서 취급 가능)

□ 대출 : 직접대출(중진공＞중소기업), 대리대출(은행＞중소기업), 이차보전(은행＞기업), 성장공유형 대출, 투자조건부 융자 중 해당사항

8) 정책자금 융자제한 대상

① 민간 금융기관 이용이 가능한 우량기업
- 유가증권시장 상장 기업, 코스닥시장 상장 기업, 자본시장법에 의한 신용평가 회사의 BB등급 이상 기업
- 최근 재무제표 기준 자본총계 200억 원 또는 자산총계 700억 원 초과 기업
- 중진공 신용위험등급 최상위 등급(CR1)
  - 단 업력 3년 미만 기업, 중소기업협동조합법상의 협동조합 이차보전 신청 기업은 예외

> **❋ 적용 예외**
> - 소재 부품 장비 강소기업 100, 스타트업 100, 경쟁력강화위원회 추천 기업

② 휴/폐업 중인 기업

③ 세금을 체납 중인 기업

④ 한국신용정보원의 일반신용정보관리규약에 따라 연체, 대위변제·대지급, 부도, 관련인, 금융질서문란, 회생·파산 등의 정보가 등록되어 있는 기업

⑤ 중소기업 정책자금 융자 제외 대상 업종을 영위하는 기업

> **❋ 융자 제외 업종 운용 기준**
>
> 사행산업 중 국민 정서상 지원이 부적절한 업종
> - 도박, 사치, 향락, 건강유해, 부동산 투기 등
>
> 정부 등 공공부문에서 직간접적으로 운영하는 업종
> - 철도, 항구, 공항 관련 운영업 등
>
> 고소득 및 자금조달이 상대적으로 용이한 업종
> - 법무, 세무, 보건 등 전문서비스, 금융 및 보험업 등

⑥ 아래에 해당하는 사유로 정책자금 융자 신청이 제한된 기업

- 최근 3년 이내 정책자금 제3자 부당 개입 등 허위 부정한 방법으로 융자 신청

- 최근 3년 이내 정책자금을 목적용도 외 사용한 경우

- 대표자 등 기업을 실질적으로 경영하는 자가 투명경영이행약정을 위반한 경우

- 최근 2년 이내 선제적 자율구조개선 프로그램 지원 기업 중 이행점 검 결과 2회 연속 이행 불성실 기업으로 판정받은 경우

⑦ 임직원의 자금횡령 등 기업 경영과 관련하여 사회적 물의를 일으킨 기업

⑧ 중소벤처기업부 소관 정부 기술개발지원사업에 참여한 기업 중 최근 3년 이내 제재처분을 받은 기업(자금 신청 직전 분기말 기준)

⑨ 소상공인기본법 시행령에 따른 소상공인

  * 소상공인 기준 : 광업,제조업,건설업,운수업은 상시 근로자 수 10명 미만, 그 밖의 업종은 상시 근로자 수 5명 미만

❋ 적용예외
- 제조업, 혁신성장, 초격차, 신산업 분야를 영위하는 소상공인
  단, 중점지원분야를 영위하는 소상공인은 청년전용창업자금 신청이 가능하고, 신시장 진출지원자금은 전체 소상공인이 신청 가능
- (예비)사회적기업, 협동조합, 마을기업, 자활기업, 소셜벤처 중 소상공인
- 협동화사업 추진 주체인 협동조합 중 소상공인
- 소상공인기본법 제2조 제2항에 따른 소상공인 유예 기업

---

⑩ 업종별 융자한 부채비율을 초과하는 기업

❋ 적용예외
- 업력 7년 미만 기업
- 「소득세법」 및 동법 시행령에 의한 일정 규모 미만의 간편장부 대상 사업자
- 「중소기업협동조합법」상의 협동조합
- 최근 결산연도 유형자산 증가율이 동업종 평균의 2배를 초과하는 중소기업의 시설 투자금액, 매출액 대비 R&D 투자비율이 1.5% 이상인 기업의 R&D 투자금액 등은 융자제한 부채비율 산정 시 제외

---

⑪ 중진공 지정 부실징후기업 또는 업력 5년 초과 기업 중 아래에 해당하

는 한계기업

- 2년 연속 자기자본 중 자기자본 전액 잠식 기업
- 3년 연속 이차보전대출(한도) 1.0 미만인 기업
  - 금융비용이 없더라도 영업손실이 발생한 경우 이자보상배(비)율 1.0 미만으로 간주
- 중진공 신용위험등급 최하위 등급(재창업자금은 신청 가능)
  - 다만, 한계기업 중 성과창출기업은 별도 평가를 통해 지원 가능

⑫ 기업평가에서 탈락 또는 융자 결정 후 전액 지원을 포기한 기업으로 6개월이 경과되지 아니한 기업

- 신청 연도가 다른 경우
- 실질기업주 변경 등 기업경영상 중대한 변동이 있는 경우(추가 1회에 한함)
- 다른 자금 평가탈락 후, 재도약지원자금(사업전환, 통상변화대응(기존 무역조정), 구조개선전용) 또는 긴급경영안전자금을 신청하는 경우
- 스케일업금융 선정심사에서 탈락 후, 타 자금을 신청하는 경우

⑬ 정부, 지자체의 정책자금 융자 및 보증 지원 실적이 최근 5년간 합계 200억 원을 초과하는 기업

  ※ (지원실적 확인) 중소기업진흥자금 통합관리시스템(http://sims.go.kr)

※ 적용예외
- (신규지원 예외 자금, 방식) 재도약지원자금, 긴급경영안전자금, 매출채권팩토리의 동반성장네트워크론, (정부, 지자체)이차보전
- (과거 실적 산정 예외) 보증서부 정책자금 융자 지원 보증 실적
- (신규지원 시 예외 대상) 소재 부품 장비 강소기업 100, 스타트업 100, 경쟁력 강화 위원회 추천 기업

⑭ 중진공 정책자금 누적 지원금액이 운전자금 기준으로 25억 원을 초과
하는 기업은 운전자금 지원 제외 (※ '18. 1. 2. 이후 신청 접수한 자금에
한하여 적용)

❋ 적용예외

- (누적지원 금액 미포함 자금) 재도약지원자금, 긴급경영안정자금, 스케일업금융('22
  년까지 투융자복합금융으로 지원된 실적 포함), 매출채권팩토링, 동반성장네트워크
  론, 이차보전은 운전자금 지원 실적에 미포함
- (지원 제외 예외 기업) 아래의 고용·수출 또는 매출 성과 창출 기업 또는 유망 중소기
  업 지원 프로그램 선정기업
- 고용·수출 또는 매출 성과 창출 기업
  * (고용 증가) 최근 10년간 10인 이상 고용 창출(월말 인원 기준, 특수고용직 제외)
  * (수출 증가) 자금 신청 직전 월부터 12개월간 직간접 수출실적 합계가 50만 불 이
    상이며, 이전 12개월간 합계 대비 20% 이상 증가
  * (매출 증가) 자금 신청 직전 연도를 포함한 4개년의 결산 재무제표 확인, 직전 연도
    결산 기준 매출액 30억 원 이상이며, 최근 3년간 연평균 매출액 20% 이상 증가
- 유망 중소기업 지원 프로그램 선정 기업
  * 소재 부품 장비 강소기업 100, 스타트업 100, 경쟁력 강화위원회 추천 기업, 도
    약(JUMP-UP) 프로그램 선정 기업, 아기유니콘 및 예비유니콘, 초격차 스타트업
    1000+ 프로젝트 선정 기업

⑮ 최근 5년 이내 정책자금을 3회 이상 지원받은 기업

> **❋ 적용예외**
>
> - 재도약지원자금, 긴급경영안정자금, 차환 발행 스케일업금융, 대환대출(창업기반 지원자금), 매출채권팩토링, 동반성장네트워크론, 이차보전은 지원 횟수 산정 시 미포함
>
> ❋ 최근 5년 이내 정책자금을 3회 지원받은 기업이라도 시설자금, 고용·수출 또는 매출 성과 창출 기업, 유망 중소기업 지원 프로그램 선정 기업은 1회에 한하여 추가 지원 가능
>
> - 고용·수출 또는 매출 성과 창출 기업
>   * (고용 증가) 최근 1년간 10인 이상 고용 창출(월말 인원 기준, 특수고용직 제외)
>   * (수출 증가) 자금 신청 직전 월부터 12개월간 직·간접 수출실적 합계가 50만 불 이상이며, 이전 12개월간 합계 대비 20% 이상 증가
>   * (매출 증가) 자금 신청 직전 연도를 포함한 4개년의 결산 재무제표 확인, 직전 연도 결산 기준 매출액 30억 원 이상이며, 최근 3년간 연평균 매출액 20% 이상 증가
>
> - 유망 중소기업 지원 프로그램 선정 기업
>   * 소재·부품·장비 강소기업 100, 스타트업 100, 경쟁력 강화위원회 추천 기업, 도약(Jump-up) 프로그램 선정 기업, 아기유니콘 및 예비유니콘, 초격차 스타트업 1000+ 프로젝트 선정 기업
>
> ❋ 다년에 걸친 연속성 있는 시설투자(토지 매입 후 건축 등)에 대한 시설자금 지원 실적은 1회 실적으로 인정. 또한, 시설자금과 부가된 추가 가동비(시운전자금) 지원 실적은 합산하여 1회 실적으로 인정.

라. 수출 분야 : 수출지원

1) 수출지원 예산 및 사업(2025년)

□ 중소기업이 활약할 수 있는 해외무대 확장

- '25년도 중소기업 수출지원사업은 총 12개 사업으로, 중소기업(소상공인 포함) 지원사업 9개와 소상공인 특화지원사업 3개
- 대외환경 불확실성 대응 등을 위해 중소기업 수출 예산 대폭 확대

  ＊ 지난해 4,272억 원 대비 1,924억 원(45%) 증액한 6,196억 원 편성

분야	사업명	예산(억원)		지원규모
		2024년	2025년	
중소기업 (소상공인 포함)	수출바우처	1,118.6	1,275.6	3,500개사 내외
	전자상거래수출시장진출	408	306	4,100개사 내외
	글로벌비즈니스센터(GBC)	178	177	14개국 21개소
	대중소기업동반진출	168.5	168.5	1,100개사 내외
	수출컨소시엄	158.5	158.5	1,300개사 내외
	해외규격인증획득지원	153	153	605개사 내외
	온라인수출플랫폼(고비즈코리아)	34.5	34.5	2,200개사 내외
	글로벌강소기업 1,000+ 프로젝트	비예산	비예산	500개사 내외
	신시장진출지원자금	2,005	3,825	2,100개사 내외
소상공인	글로벌시장지원사업	40	90	2,000개사 내외
	소상공인 해외오프라인매장 입점	3.6	3.6	200개사 내외
	소상공인 역량단계별 수출지원	4	4	50개사 내외
합계		4,271.7	6,195.7	

- 중소기업 수출단계별 정책 포트폴리오

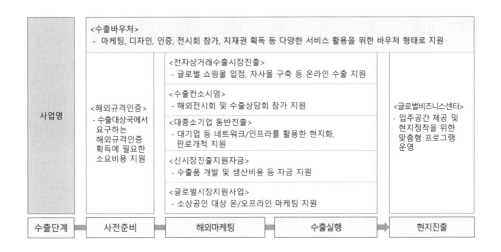

2) 주요 정책방향 및 개선사항(2025년)

□ 기존 '제품' 중심의 수출지원체계를 '테크서비스'로 확장

- 140억 원 규모의 테크서비스 수출 바우처 신설

  (클라우드, 데이터센터 비용 및 UI, UX 개선 등 현지화 서비스 지원)

□ 트럼프 2.0 대응을 위한 수출국 다변화 및 해외진출 지원 강화

- 수출국 다변화 성공 기업에 대한 인센티브 지속 운영 및 적용 확대

- 글로벌비즈니스센터 확대 : 14개국 21개소 → 1개 추가

- 국내기업의 해외법인에 대한 법인설립 및 운영 비용 등을 정책자금으로

  최초 지원

□ 해외 수출규제 확대에 빈틈없는 대응

- 해외규격인증획득지원사업의 '패스트트랙' 대상 인증 추가(美 FDA 화장품)
- 소액인증 신청 기업의 기업당 인증지원 신청 건수 상한 확대 적용
- 수출애로 애로상담 기능 강화 (▲전담대응반 인력 및 주요 상담 인증 분야 확대, ▲수출규제 역량 교육 확대, ▲식약처 협업 화장품 수출규제 세미나 확대)

□ 부처·민관 협업 지원체계 강화

- 관계부처가 특화분야별로 유망 기업을 추천하면 중기부가 수출 바우처를 지원하는 부처협업 방식 지원 확대(267개사 → 350개사)
- 기술성과 혁신성을 검증한 R&D·창업지원정책 우수성과 기업에 수출 바우처 연계 지원
- K-뷰티 국제박람회 민·관 협업 개최, K-POP 한류공연 등 연계 수출상담회·판촉전 등 운영

□ 소상공인의 수출기업화 촉진

- 제품은 우수하나 수출 경험이 부족한 소상공인에 전문셀러 활용한 온라인 수출 연계 지원, 수출 역량을 보유한 소상공인에는 글로벌 쇼핑몰 입점 연계 지원
- 대중소기업동반진출사업 참여 유통사의 해외 유통망을 활용한 해외 판로 개척 기회 제공
- 수출 바우처에 강한 소상공인을 지원하는 트랙을 신설하여 다양한 수출 서비스 바우처 지원

읽기 쉽게 풀어 쓴,
중소기업
컨설팅
실무 바이블

정부지원제도 이해편

초판 1쇄 발행 2025년 3월 31일

저 자	조창희, 한건우, 박성수
발행처	예미
발행인	황부현
출판기획	디지털피비스쿨 컨설팅 연구소
편 집	김정연
디자인	김민정

출판등록 2018년 5월 10일(제2018-000084호)

주소	경기도 고양시 일산서구 강성로 256, B102호
전화	031)917-7279　　**팩스** 031)911-5513
전자우편	yemmibooks@naver.com
홈페이지	www.yemmibooks.com

ⓒ 조창희, 한건우, 박성수, 2025

ISBN 979-11-92907-72-7　03320